지식산업센터로
월세통장 만들기

부동산 투자의 마지막 골든존

Knowledge Industrial Center

지식산업센터로 월세통장 만들기

단희쌤(이의상) · 김윤관 지음

포레스트북스

젊은 사람도,
은퇴한 사람도 부자가 되는 길

인류는 100세 시대를 맞이했다. 이제 당신도 100세까지 살 확률이 매우 높아졌다. 문제는 우리 인류가 100세 시대를 경험해보지 못했다는 사실이다. 그 누구도 이 문제를 어떻게 해결해야 할지 알 수 없다.

서울에 사는 사람들의 평균 나이가 50세라고 한다. 직장인의 평균 은퇴 나이가 49.5세라는 통계가 있다. 평균으로만 보면 서울에 사는 사람들은 모두 은퇴한 사람들인 셈이다. 수명은 길어졌지만, 직장인의 근로 수명은 더 짧아졌다.

은퇴자들에게 가장 중요한 것은 무엇일까? 매달 생활비다. 생활비가 없으면 일상의 삶은 무너진다. 은퇴를 하는 순간부터 생활비는 일생의 가장 큰 숙제가 되어버리고 만다. 대체 어떻게 하면 마르지 않는 샘물처럼, 매달 생활비를 만들 수 있을까? 은퇴자에게 다시 그런 기회가 오긴 하는 걸까? 이때 은퇴자에게는 3가지의 선택지가 주어진다.

첫째, 창업이다.

그런데 창업을 하는 데는 큰돈이 들어간다. 보통 가진 돈을 다 털고 대출까지 받아서 창업을 한다. 하지만 문제는 창업자의 5년 생존율이 10%도 되지 않는다는 것이다. 창업의 실패로 은퇴자금을 모두 날리는 데서 끝나지 않고 빚까지 지게 된다.

둘째, 주식(또는 비트코인)이다.

주식과 비트코인의 광풍이 불고 있다. 그러나 당신의 주변을 살펴보라. 주식으로 돈을 벌었다는 사람을 얼마나 보았는가. 수익을 낸 사람보다 큰 손실을 봤다는 경우가 훨씬 더 많다. 매일 주식 창을 보고 일희일비하며 큰 스트레스 속에 살아가는 사람들. 그 사람들의 삶이 어때 보이는가?

셋째, 재취업이다.

재취업은 참 어렵다. 어떻게 취업을 한다 해도 예전의 연봉과 대우와는 차이가 크다. 자존심을 모두 내려놓고 일을 해야만 버틸 수 있다. 그렇게 모두 내려놓고 버틴다 해도 그 수명이 그리 길지는 않다.

이 3가지의 선택지 모두 탐탁지 않다. 쉽지도 않을뿐더러 결과를 예측하면 우리 마음을 더 불안하게 만들 뿐이다. 나는 여기에 마지막 4번 선택지를 제안하려고 한다. 바로 가장 안전하고도 지금 당장 시도해볼 수 있는

'임대소득'이다.

나이가 더 들면 근로소득으로 생활비를 만들 수 없는 시기가 온다. 그래서 노동을 하지 않고 소득을 만들 시스템을 만들어야 한다. 그게 바로 부동산 임대소득이다. 말은 쉽지만 막상 시도하기는 쉽지 않다. 수익률도 좋고, 공실도 없고, 관리도 편하고, 세금에 불리하지도 않고, 가격도 꾸준히 올라주는 좋은 상품을 선택해야 한다. 그런데 이런 조건을 두고 찾아보면 눈에 띄는 게 별로 없다.

그렇다고 가장 선호하는 상품인 아파트가 생활비를 만들어주지는 못한다. 또 임대소득의 대표 상품인 상가는 코로나19 이후 비대면 시장의 확대로 위험한 투자 상품이 되고 말았다. 오피스텔은 어떤가. 가장 일반적인 투자 상품이지만 수익률이 높지 않고, 가격 상승도 미미하다. 많은 사람이 선호하는 토지는 임대소득 상품으로써는 큰 의미가 없다. 어떤가? 생각나는 투자 상품이 있는가? 생각나는 것이 없다.

이 책은 그 대안으로 지식산업센터를 추천하기 위해 쓰였다. 다음 5가지는 지식산업센터 투자의 매력을 충분히 보여준다.

첫째, 주택처럼 세금에 민감하지 않다.
둘째, 수익률이 비교적 좋다.
셋째, 자본차익을 기대할 수 있다.
넷째, 관리 및 운영이 편하다.
다섯째, 환금성이 비교적 좋다.

서울권에서도 대출을 잘 활용하여 투자한다면, 대출이자를 포함하고도 5~8%의 수익이 나오는 것을 찾을 수 있다. 만약 5억 원 정도의 은퇴자금이 있다면 6% 수익률을 기준으로 할 때 연 3,000만 원의 소득이 생긴다. 월 기준으로 하면 매달 250만 원의 임대소득이 만들어지는 셈이다. 여기에 국민연금이나 개인연금으로 150만 원을 받게 되면 매달 400만 원의 현금흐름을 만들 수 있다. 이 정도의 자금이면 풍요롭지는 않겠지만, 무난하게 자식들에게 손 벌리지 않고 살 수 있다.

이쯤에서 이렇게 물을 수도 있다. "은퇴자금 5억 원을 가지고 있는 사람이 많을까요?" 당연히 그리 많지는 않을 것이다. 하지만 방법은 찾을 수 있다. 현재 주거비를 낮추는 것도 방법 중 하나다. 만약 시세가 10억 원인 아파트에 거주하고 있다고 생각해보자. 은퇴 시점에는 자녀도 성인이 되었을 것이고, 본인도 더 이상 출퇴근의 편리성을 위해 직장과의 거리를 생각하지 않아도 된다. 그러면 꼭 비싼 지역에 거주할 이유가 없다. 서울 외곽지역이나 수도권의 5억 원 정도 되는 아파트로 이사한다면, 투자금을 확보할 수 있다. 만약 7억 원의 아파트에 살고 있다면, 경기권의 2억 원 정도 빌라로 이사하는 것을 고려해볼 수 있다.

물론 이런 결정은 쉽지 않다. 하지만 우리는 잘 알고 있다. 노동 없이 현금흐름을 만드는 것이 얼마나 어려운지를 말이다. 만약 이 결정을 하지 못한다면 어떻게 될까. 좋은 집에서 살 수는 있겠지만 다시 노동을 통해 생활비를 벌어야 하거나, 혹은 생활비를 벌기 위한 다른 수단을 찾기 위해 또 다른 숙제 앞에 놓이게 된다. 선택은 당신의 몫이겠지만, 이 책은 적어도 당신에게 어떤 선택이 필요하고 또 더 유리할지를 도울 수 있다.

은퇴는 현실이다. 무방비 상태로 위험한 정글 속에 떨어지는 것과 같다. 그곳에서 안전하게 살아남으려면, 현실적으로 가장 필요한 것은 불로소득이다. 우리는 언제까지 노동을 통해서 살 수 없기 때문에 반드시 준비해야 한다. 더 이상 노동을 할 수 없을 때를 대비한 안전한 현금흐름을 만들어 놓아야 한다.

부동산 컨설팅을 하면 참 많은 사람을 만나게 된다. 그때마다 느끼는 것은 같은 조건, 비슷한 환경에 있는데도 마지막에 다른 결과를 내는 데는 단 한 가지 요인이 작용한다는 사실이다. 바로 '긍정적 마인드'다. 부자가 되는 사람들의 특징에는 여러 가지가 있겠지만 그중 가장 큰 것이 바로 긍정적 마인드다. 많은 사람이 '될 거야!'보다는 '될까?'를, '될까?'보다는 '안될 거야'라는 말을 더 많이 한다. 그러나 위대한 성공을 이룬 사람들은 훨씬 열악한 환경에 처했음에도 불구하고 '반드시 이루어진다!'를 외쳤다. 무모해 보이기까지 한 그들의 이러한 마인드는 결국 꿈을 이루고 목표에 도달하게 만들었다.

필자 역시 남들이 '이미 너무 늦었어. 끝난 거야'라고 말하던 40대에 인생 역전에 성공했다. 당시 필자의 모습을 본 사람들은 누구도 일어설 수 있으리라 생각하지 않았다. 드라마에서 그런 대사를 본 적이 있다. '다른 사람이 나를 믿어주지 않기 때문에 나 자신이라도 나를 믿어주기로 했다.' 타인보다 스스로를 믿고 사랑하는 것이 출발점이다. 그것이 긍정 마인드로 이어지는 것이다. 내면 깊은 곳에 있는 불안감과 두려움은 나 자신만이 제대로 들여다볼 수 있고, 그것을 극복할 수 있는 것도 나 자신이다. '안 된다'는 생각은 나를 바로 보지 못하게 만들고 어려움을 자꾸 회피하게 만들어 성장하지 못하게 한다. 그런 이들에게 '나도 했으니 당신도 할 수 있다'는 긍정의 에너지를 건네주고 싶다. 지금에 와서 보니 부와 성공, 행복을 거머쥐는 사람과 그렇지 못한 사람은 정말 한 끗 차이다. 그것을 이룰 수 있다고 믿느냐, 믿지 않느냐이다. 과거라는 어둠의 긴 터널을 지나오며 필자가 다짐한 가장 큰 것 중 하나는 두 번 다시는 '긍정'과 '부정' 중 '부정'을 선택하지 않겠다는 것이다. 편안하고 안정된 지금 삶이 가져다주는 행복은 날마다 긍정의 에너지를 끌어당기고 그것을 많은 사람과 공유하겠다는 마인드에서 온다는 사실을 절대 잊지 않을 것이다.

이 책은 지식산업센터 투자의 고수 김윤관 대표가 지식산업센터 투자로 어떻게 부를 얻고 확장해왔는지를 그의 실전 투자 사례를 중심으로 중점적으로 다루고 있다. 나 역시 그를 통해 깨달은 지식산업센터 투자 노하우와 부의 확장법에 대해 의견을 내었고, 함께 독자와 소통하는 글을 집필하기 위해 두문불출한 시간이 매우 유익하고 즐거웠다. 실전 투자에 대한 안목을 키울 수 있는 소중한 시간이 되어주었다.

독자 여러분도 부디 더 늦기 전에 지식산업센터 투자의 문을 두드려보길 바란다. 부동산 투자로 안정적인 수익 모델을 창출할 수 있다는 사실을 실감할 수 있을 것이다. 부디 이 책이 그 도전의 발걸음에 작은 징검다리가 되기를 진심으로 희망한다. 건투를 빈다.

단희캠퍼스에서

단희쌤

PART 3 지식산업센터 실전 투자법

INTRO

Knowledge Industrial Center

부동산 투자의
마지막 황금열차
지식산업센터

최근 몇 년간 지식산업센터의 투자 가치가 널리 알려지면서 지식산업센터 투자라는 말 끝에 '비밀'이라는 단어가 붙는 것이 무색해져 버렸다. 오피스텔, 아파트, 주택에 대한 정부 규제가 심해지면서 80% 이상 저금리로 대출이 가능한 지식산업센터의 장단기적 투자 메리트가 더욱 강하게 와 닿게 된 것이다. 그런 열풍으로 최근 지식산업센터의 분양가가 매우 올랐다. 신규 분양뿐 아니라 기존 매물도 같이 급등하여 '지식산업센터 투자'가 꼭지에 다다랐다고 말할 정도이다. 필자 역시 현재 분양가가 고점에 올랐다는 데 동의한다. 이제는 부동산에 대해 어느 정도 정보를 가진 사람뿐 아니라 전업주부, 이 분야에 관심이 없던 사람들마저 투자에 뛰어들 정도다. '마지막 투자처'가 지식산업센터인 만큼 이전에 비해 투자 수요가 40~50% 늘어난 것이다. 이렇게 분양가가 급등한 시기에는 역세권을 중심으로 지역을 넓혀가면서 저렴한 분양권이나 급매, 저평가된 기존 매물을 매매하는 것도 좋은 전략이 될 수 있다. 즉 아직은 투자의 기회가 남아 있다는 뜻이다.

그러나 지식산업센터를 지을 수 있는 지역이 정해져 있어 건축이 한정되다 보니 아파트에 투자했던 사람들이 지식산업센터로 몰리게 되었다. 청약률이 과거에 비해 3:1에서 10:1까지 높아졌다. 지식산업센터가 거의 없는 과천의 경우 청약률은 30:1이다. 이러한 추세는 그만큼 투자의 매력이 있다는 것을 보여주는 반증이기도 하다. 산업지구가 새로 조성되면 지식산업센터는 지속적으로 지어질 것이다. 또 옛날 건물을 헐고 재건축을 하는 경우도 속속 생겨나고 있다. 그렇게 되면 땅값과 인건비 상승으로 인해 가격이 오르게 되어 있다. 그럼에도 불구하고 언제나 투자는 '타이밍'이 중요하기 때문에 투자는 빠르면 빠를수록 좋은 것은 사실이다.

또 시세의 급등으로 공급과 수요가 함께 늘어나는 추세이지만, 여전히 공실률 위험이 있다. 그래서 필자는 서울 지역 투자를 추천한다. 서울을 제외한 나머지도 분위기가 한층 좋아지긴 했지만 아직은 공급이 좀 더 과잉된 편으로 약 3%의 공실률이 있다. 이때는 역세권을 중심으로 분양을 받는다면 리스크를 한층 줄일 수 있다. 결국 어떤 입지 조건을 선택하느냐가 매우 중요하다.

서울의 경우 금천구, 구로구 1~3단지에 약 150여 개의 지식산업센터가 있는데, 공실이 없을 수는 없다. 하지만 기존 사무실은 주차 공간이 협소하고 경비, 청소, 기타 관리가 힘들어 지식산업센터를 선호한다. 평당 관리비 역시 기존 사무실보다는 저렴하기 때문에 매력적이다. 오피스텔 공실률이 높아지고 대출 규제로 투자자들의 수익률이 낮아진 상황에서 지식산업센터의 메리트가 훨씬 부각되고 있다.

상황이 급변함에 따라 지식산업센터의 투자 역시 다양한 고민이 따르기 마련이지만, 그러한 고민은 예전에도 동일하게 있어 왔다. 여전히 변함없는 사실은 지식산업센터가 정부의 부동산 규제에서 제외된 유일하고도 안정적인 투자처라는 것이다. 시기적으로 늦었다고 판단하는 경우가 있기도 하지만 아직 서울지역에서도 관심을 갖고 찾는다면 충분히 괜찮은 곳은 많다. 또한 재건축과 저평가된 기존 매물의 재평가로 인해 투자의 기회가 남아 있다. 새로운 산업단지 조성으로 신규 분양에 대한 기회가 남아 있음은 물론이다. 내가 어느 정도의 기간을 두고 어떠한 목적으로 투자할 것인가를 충분히 고민하고, 전문가의 가이드에 따라 선택한다면 지금도 여전히 가장 매력적인 투자처임에 확실하다.

PART

1

Knowledge Industrial Center

85억 원의 자산을 만든
지식산업센터
투자 성공 사례 분석

지식산업센터 투자 성공 사례 TOP 7

지산투자 7건 22개 호실 투자 성적표

단지 이름	호실	초기자금	투자시간	총수익률	매도/현재가	대출	총이익	총비용	최종이익
월드 메르디앙 벤처타운 2차	904~905호	103,000,000원	830일	163%	710,000,000원	520,000,000원	820,250,000원	652,250,000원	168,000,000원
에이스 하이엔드 타워 7차	1003호		1,761일		700,000,000원	479,000,000원	821,800,000원	536,879,167원	284,920,833원
에이스 하이엔드 타워 7차	1004호		1,762일		700,000,000원	479,000,000원	827,600,000원	536,879,167원	290,720,833원
코오롱 디지털타워 빌란트 1차	701~702호	285,928,000원	938일	340%	2,247,500,000원	1,090,000,000원	2,418,000,000원	1,446,323,833원	971,676,167원
가산A1타워	1320~1321호	41,335,000원	383일	80%	74,435,000원		74,435,000원	41,335,000원	33,100,000원
하우스 디와이즈 타워	218~227호	206,108,215원	325일	203%	2,409,600,000원	1,800,000,000원	2,461,324,809원	2,042,408,215원	418,916,594원
가산KS 타워	1501~1504호	148,520,540원	192일	120%	1,633,725,940원	1,306,980,752원	1,633,725,940원	1,455,501,292원	178,224,648원

초기자금총합	784,891,755원
대출금 총액	5,674,980,752원
최종이익총합	2,345,559,076원
총자산	8,475,260,940원
총 수익률	299%

※ 지식산업센터 투자 성적표는 김윤관 저자의 2021년 11월 기준의 투자 실적을 바탕으로 작성되었으며, 거래 건수는 계약 건수를 기준으로 작성되었다.

01

월드메르디앙 벤처센터 2차
904~905호

서울 금천구 가산동 426-5 월드메르디앙벤처센터 2차

"서울 역세권에 있는 부동산에 투자하려면 몇 억은 있어야 하겠지?"

불과 몇 년 전까지 필자가 갖고 있던 생각이다. 대출은 얼마나 나오는지, 은행 상품에는 뭐가 있는지, 지원 제도는 있는지 등을 살펴보지 않고 말이다. 10년 동안 쫓기듯 사업을 해오면서 사무실을 임대하며 떠돌아다니던 생활을 청산할 수 있을지도 모른다는 생각으로 2008년에 서울벤처대학원 부동산 최고위 과정 1기에 참여하게 되었다. 하지만 부동산에 투자하려면 큰돈이 필요할 것이라는 생각으로 섣불리 마음을 먹지 못했다. 그러던 중 지인 A씨를 통해 지식산업센터 투자를 알게 되었고, 그의 투자 성공 사례에 고무되어 직접 투자에 나설 결심을 하게 되었다.

최초로 투자한 물건은 A씨가 소개해준 가산동 월드메르디앙 벤처센터 2차였다. 904호와 905호 두 개 호실을 소개받았는데, 총 128평의 규모에

6억 5,000만 원의 매물이었다. 금액이 생각보다 높았다. 지식산업센터는 대출이 많이 지원된다고 들었지만 흔쾌히 투자하기에는 자금도 많이 모자랐고 첫 투자로는 규모가 큰 물건이어서 고심이 되었다.

투자 여부를 결정하기 위해 직접 가산동을 찾았다. 가산디지털단지역에서 약 450m 거리에 있고 도보로 6~7분 정도가 소요되었다. 직접 본 월드메르디앙 2차의 인상은 크고, 밝고, 조용했다. 1층 로비가 호텔처럼 호화롭고 웅장한 느낌이 들었고, 실내 대부분의 조명이 밝아서 깨끗하고 넓어 보였다. 그리고 방음공사가 잘 되어서인지 사람이 많이 오가는 건물인데도 매우 조용한 편이었다. 1층에는 카페와 식당이 다수 입점해 있었고 무엇보다 구내식당이 있다는 점이 좋았다. 더불어 전용면적 80평대의 공간을 갖추고 있어 규모가 큰 회사도 입점할 수 있다는 점이 다른 지식산업

가산동 월드메르디앙 벤처센터 2차 위치

센터와 차별화되었다.

사업하던 사람이 뭐하러 부동산 투자를 하느냐고 만류하거나 걱정하는 지인들도 있었고, 부동산은 가지고 있으면 직접 거주하든지 팔면 도움이 된다고 조언해주는 지인도 있었다. 첫 투자라서 여러모로 망설여졌다. 며칠 밤을 고민하다가 가산동을 지날 일이 있으면 건물 앞에 차를 대놓고 한참을 지켜보다가 돌아오기도 하고, 낮에도 가보고 밤에도 가보기도 했다. 괜히 근처 편의점에 가서 출퇴근 시간에 사람이 많이 드나드는지도 물어보고 노심초사하면서 고민을 거듭했다.

관건은 이 물건을 사람들이 계속 찾을 것인지였다. 그런 매력이 충분하다면 가격은 반드시 오를 것이고, 자기자본이 많이 들지 않기 때문에 충분한 투자 가치가 있다고 생각했다. 지식산업센터는 과거의 아파트형 공장과 달리 오피스 중심으로 입주하기 때문에 회사원들의 출퇴근이 용이하고 편의시설이 잘 갖춰진 곳을 골라야 공실을 피할 수 있다고 들었다. 직접 본 월드메르디앙 벤처타운 2차는 필자가 사무실을 옮긴다고 해도 가고

가산동 월드메르디앙 벤처타운 2차 투자 내역	
실제 투자금액	1억 300만 원
부가세, 취·등록세(4.6%)	3,000만 원
보증금	2,700만 원
임대수익(15개월)	8,100만 원
대출이자	2,950만 원
시세차익	6,000만 원
총수익	1억 4,100만 원

싶을 정도로 매력이 충분했다. 고심 끝에 투자를 결정했다.

6억 5,000만 원의 매매 금액의 80% 정도의 비용을 대출로 마련했다. 특허와 상표 등록을 통해 기술보증기금에서 대출을 받았고, 벤처기업으로 인정받으면서 등록세와 취득세를 감면받았다. 대출금으로 계약금을 치르고 잔금 마련을 위해 고민할 때 세입자가 솔깃한 제안을 했다. 2년 치 월세를 선불로 주는 대신에 월세를 깎아 달라는 요청이었다. 잔금 마련에 고민하던 터라 2년 치 월세를 선불로 받고 월세액을 10% 할인하는 조건으로 흔쾌히 수락했다. 선불받은 월세와 은행 대출 80%로 잔금도 모두 해결했다.

가산동 월드메르디앙 벤처타운 2차

출처: 부동산코리아 공인중개사사무소

내 돈 한 푼 없이 6억 5,000만 원에 구입한 월드메르디앙 벤처타운 2차는 현 시세 7억 1,000만 원이 되었다. 월 270만 원의 월세를 받아서 15개월간 임대수익은 8,100만 원이고, 이자비용 2,950만 원을 제하고도 총수익은 1억 4,100만 원이다.

처음으로 시도한 지식산업센터 투자는 필자에게 새로운 사무실을 제공하고 월 임대수익을 제공해주었다. 예측대로 가치도 높아져서 시세차익과 임대수익을 합쳐 1억 4,000만 원이 넘는 수익이 발생했다. 운이 좋았다. 무엇보다 실제로 내가 사무실을 옮긴다고 생각하면서 살펴봤던 투자 가치가 맞았다는 것이 기분 좋았다. 자신감을 얻었고, 덕분에 월드메르디앙 벤처타운 2차 투자를 기점으로 본격적인 지식산업센터 투자가 이어졌다.

02

에이스하이엔드타워
7차 1003~1004호

서울 금천구 가산동 345-33 에이스하이엔드타워 7차

가산동 월드메르디앙 벤처타운 2차는 3년 정도 지난 후 약 1억 4,100만 원의 수익을 보고 매도한 다음 임대하여 사용하게 되었다. 1년 6개월 정도 지난 후 다시 지식산업센터에 투자하기로 결정했다. 인근 부동산에서 에이스하이엔드타워 7차 매물이 나왔다는 소식을 듣고 살펴보기로 했다. 에이스하이엔드타워 7차는 지하 3층에 지상 20층의 규모로, 매물로 나온 사무실은 남향의 100평 정도 되었다. 입주 기업이 선호하는 중소형 면적과 지상 17~20층은 펜트하우스처럼 설계되어 탁 트인 전망으로 안양천이 시원하게 보였다.

지하철 1, 7호선역이 도보 15분 거리였고, 전용 화장실과 탕비실을 갖추고 있었다. 입주 업체에게는 분양금액의 80% 범위 내에서 장기 저리융자가 가능했고, 중소기업진흥공단자금 및 서울시중소기업육성자금 혜택

가산동 에이스하이엔드타워 7차 위치

도 받을 수 있었다. 또한 취득세, 등록세, 재산세, 종합토지세 감면과 중과세 부과 대상에서 제외되는 세제 혜택을 받을 수 있었다. 입지 등 조건을 살펴본 후 투자를 결정했다.

그런데 얼마 후 전 주인에게서 전화가 왔다. 바로 옆 호실까지 인수해줄수 있냐는 것이었다. 두 개 호실을 인수한 후 처음 몇 달간 두 호실을 모두 사용했다. 그러다 나중에 다른 곳을 다시 분양받게 되면서 부동산에 부탁해 임대를 놓았다. 각각 보증금 2,400만 원에 월세 240만 원으로, 한 달에총 480만 원의 월세 수익을 얻게 된 것이다.

첫 투자 이후 3년 정도 흐르니 지식산업센터 분양, 매수, 임대로 인한 수익률이 무엇보다 괜찮다는 확신이 들었다. 처음에는 사업을 하는 입장에서 서로 좋은 취지로 하자는 생각에 인수하게 되었다. 그리고 곧 좋은 선택이었다는 걸 알게 되었다. 월세 480만 원에서 대출로 인한 은행이자, 재산세,

가산동 에이스하이엔드타워 7차 투자 내역	
실제 투자금액	0원
부가세, 취·등록세(4.6%)	1억 164만 7,802원
보증금	4,300만 원
임대수익(58개월)	1억 3,364만 원
대출이자	1억 1,575만 원
시세차익	2억 3,135만 원
총수익	3억 6,500만 원

에이스하이엔드타워 7차

교통분담금 등을 빼고도 매달 300만 원 정도의 수익을 만들 수 있었다.

여기에 시세차익과 58개월의 임대수익에서 대출이자를 빼니 최종 누적수익은 5억 600만 원이 되었다.

지식산업센터 투자는 소자본 투자로 임대료 절감과 더불어 임대수익을 안겨준다는 점이 무척 매력적이다. 매달 안정적인 임대수익을 통해 가정생계 수익이 보장될 수 있을 뿐 아니라 시세차익도 볼 수 있다. 또한 사업이 힘들 때는 담보대출을 받아서 직원 급여, 거래처 대금 등을 미루지 않고 융통할 수 있다는 것도 큰 장점이다.

03

코오롱디지털타워빌란트 1차
701~702호

서울 구로구 구로동 222-7 코오롱디지털타워빌란트 1차

사업을 하던 지인이 경영난으로 갑자기 자금이 필요하다며 보유하고 있는 구로동 코오롱디지털타워빌란트 1차를 매수해줄 수 있냐는 제안을 해 왔다. 사옥으로 쓰기 위해 인테리어 비용만 약 2억 5,000만 원가량 들인 사무실이라 다른 이에게 주기엔 아깝다고 했다. 하지만 당시 현금 보유 자금이 1,000만 원 정도밖에 없었기 때문에 잠시 망설였다. 그러다 가산동 에이스하이엔드타워 사무실을 하나 팔고 코오롱디지털타워빌란트(145평)를 구입하는 것이 시세차익 면에서 이익이라고 판단되었다.

구로동에 있는 코오롱디지털타워빌란트는 벤처산업과 고도기술 산업 전문단지인 1단지 초입에 위치해 있어 시너지 효과를 창출할 기회가 컸다. 키콕스벤처센터, 구로세관, 우체국, 파출소, 은행 등 각종 편의시설이 인접해 있었다. 또한 강북과 강남은 물론 목포와 부산까지 연결된 편리한 교통망과 지하철 2호선 구로공단역이 도보로 7분 거리에 있었다. 6~7년 내로 신안산선이 들어오면 더블역세권이 된다는 장점도 있었다. 또 코오롱이라는 대기업 브랜드 인지도가 있어서 매력적이었다.

코오롱디지털타워빌란트에 투자할 것을 결정한 후 일단 계약금 10%를 지불해야 했다. 하지만 생각대로 되지 않았다. 부동산에 내놓은 에이스하이엔드타워 7차 물건이 쉽게 팔리지 않았다. 다급한 마음에 담보로 지인에게 2억 원을 빌려 잔금을 겨우 치를 수 있었다.

이후 기존에 주인이었던 분이 임대를 살고 싶어 해서 부동산중개소를 거치지 않고 수월하게 보증금 5,000만 원에 월세 500만 원으로 임대를 놓았다. 담보로 빌린 돈을 갚기 위해 에이스하이엔드타워 7차를 팔려고 했는데, 감정가가 올라서 팔지 않기로 결정했다. 대신 기존에 기업은행에서 받은 대출 8억 원을 하나은행으로 변경할 경우 감정가가 올라 추가로 2억 원의 대출이 가능했고, 금리도 2.3% 고정금리로 3년을 제안받아 중도상

구로동 코오롱디지털타워빌란트 1차 투자 내역	
실제 투자금액	2억 9,638만 8,000원
부가세, 취·등록세(4.6%)	1억 3,858만 1,691원
보증금	5,500만 원
임대수익(31개월)	1억 10만 원
대출이자	7,030만 원
시세차익	8억 7,950만 원
총수익	9억 7,960만 원

환 수수료를 내고 하나은행으로 대출은행을 변경했다. 추가로 받은 대출 2억 원으로 빌린 돈을 갚으며 전체 이율도 낮출 수 있었다. 결론적으로는 갭투자가 된 셈이다.

코오롱디지털타워빌란트 1차

구로동 코오롱디지털타워빌란트 1차는 2억 9,638만 8,000원을 투자하여 9억 7,960만 원의 수익을 거뒀다. 세 번의 지식산업센터 투자를 통해 14억 8,560만 원의 누적수익(건물 시세차익과 월세 수익에서 소요된 비용을 뺀 금액)을 거둔 것이다.

투자 결정을 신속하게 하는 것도 중요하지만 무엇보다 자금 준비를 철저히 하는 것은 필수다. 코오롱디지털타워빌란트에 투자를 결정한 후 당연히 금방 팔릴 줄 알았던 가산동 지식산업센터가 팔리지 않아 곤욕을 치렀다. 이를 통해 사전에 일어날 수 있는 모든 변수까지 생각하고 준비해야 한다는 것을 배웠다.

04

가산A1타워
1320~1321호

서울 금천구 가산동 459-7 가산A1타워

코오롱디지털타워빌란트에 투자하면서 다음 투자를 함께 고민했다. 필자의 지식산업센터 투자 원칙은 '지하철 10분 거리의 초역세권', 그리고 '서울일 것'이다. 〈하나금융경영연구소〉 조사를 보면 2008년에는 강남이 출퇴근 인구가 가장 많았는데, 최근에는 가산이 가장 출퇴근 인구가 많았다. 그래서 가산동의 역세권에 있는 매물을 찾아보던 중 1, 7호선 가산디지털단지역과 인접해 있는 가산A1타워를 선정했다.

가산디지털단지는 서울의 초역세권이며 가산A1타워는 가산디지털단지역에서 도보로 5분 거리에 있었다. 또한 서울 외곽순환도로, 제2경인고속도로, 수원-광명 고속도로, 강남순환고속도로 등을 통해 동서남북 제한 없이 이동 가능하다는 점이 이점으로 꼽힌다. 특히 서부간선도로 지하화 개발이 완료되면서(2021년 9월 개통) 많은 차량이 지하로 분산돼 서남부권

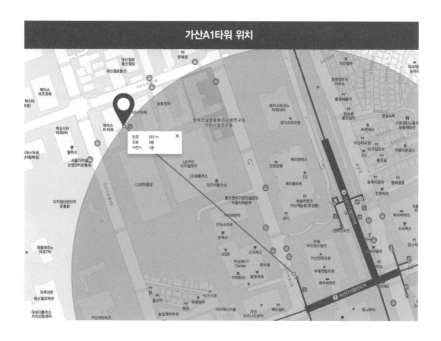

가산A1타워 위치

지역의 상습 정체가 해소될 것으로 기대되었다.

특히 지식산업센터의 경우 소형 평수들은 인기가 없지만 연면적이 1만 평 이상 되는 건물은 선호도가 높은 편이다. 건물 관리가 잘 된다는 장점이 있고, 주차나 편의시설도 작은 평수의 건물에 비해 훨씬 넓고 편리하게 되어 있다. 가산A1타워는 1만 평이 넘는 건물로, 관리가 잘 되고 편의시설이 잘 갖추어져 있다는 점이 매력적이었다.

가산A1타워 13층의 27개 호실 중에서 6개 호실을 지인들과 함께 분양받기로 결정했다. 당시 여력이 조금 있는 상황이었다. 그래서 13층 일부를 분양받는 동시에 나머지 호실에 대한 분양을 직접 진행하는 조건으로, 당시 현 시세 분양가에서 5% 할인된 가격으로 계약을 진행했다.

가산동 가산A1타워 투자 내역	
실제 투자금액	4,133만 5,000원
부가세, 취·등록세(4.6%)	0
보증금	0
임대수익	0
대출이자	0
시세차익	3,310만 원
총수익	3,310만 원

*분양 이전 분양권 매매로 비용이 발생하지 않음

여러 차례 지식산업센터에 투자하다 보니 이제는 전문가가 되어 있었
다. 가산A1타워의 경우 평당 1,000만 원에 분양했는데, 현재는 분양가격보
다 15~20% 올랐다. 3년 뒤에는 평당 1,300만~1,500만 원이 될 것이라고

가산A1타워 조감도

예상했다. 가산A1타워 바로 옆 건물이 에이스K1타워인데 공실이 하나도 없어서 리스크는 없을 것이라고 판단해서 투자를 결정했다.

필자의 투자금은 총 1억 3,000만 원, 지인은 투자액의 약 3.7배인 총 5억 원을 투자했다. 이때 시행사에서 모든 비용을 지불함으로써 무이자로 대출받을 수 있었다. 분양된 후 6개 호실 중 4개는 지인들의 요청으로 5% 할인된 금액으로 중개수수료 없이 지인들에게 팔았다. 따라서 필자는 2개 호실에 대한 최종수익을 낼 수 있었다. 실제 투자금액은 약 4,133만 원, 시세차익은 약 3,310만 원으로 30%의 수익률을 낸 셈이다.

대한민국의 부동산 중심은 서울이며, 서울의 땅값, 인건비, 자재비 상승으로 절대 분양 가격이 내려갈 일이 없다는 점을 명심하자.

05
하우스디와이즈타워
218~227호

서울 금천구 가산동 345-19 하우스디와이즈타워

가산동 하우스디와이즈타워는 기숙사형 오피스텔로 아파트 부동산시장
의 규제를 피해 은행금리보다 몇 배의 임대수익을 거둘 수 있을 것이라고
판단되었다. 그런데 당시 하우스디와이즈타워는 일부 분양되었다가 코로
나19로 인해 분양이 전면 취소되어 시행사가 손을 뗀 상태였다. 상황이
좋지 않았는지 분양대행사 대표가 필자를 찾아왔고, 분양 대행을 특별히
부탁해 협업하게 되었다.

　얘기를 들어보니 당장 20억 원을 만들지 않으면 계약금으로 넣은 17억
5,000만 원이 모두 날아갈 상황이었다. 그래서 부족한 금액 2억 5,000만
원을 빌려주는 조건으로 218~227호를 분양받았다.

　하우스디와이즈타워는 서울디지털산업단지 3단지에 위치해 있으며 가
산디지털역에서 도보로 약 12~15분 거리다. 지식산업센터 투자 원칙 중

역에서 7~8분을 넘지 않는 '초역세권'이어야 한다는 기준이 있었지만, 주변 시세 대비 저렴한 데다 10% 할인이라는 메리트를 무시할 수 없었다. 즉 초역세권 지식산업센터의 시세가 평당 1,500만 원인 데 비해 지하철역과 조금 떨어졌다는 이유로 거의 절반가인 780만 원에 분양하고 있었고, 여기에 10% 할인이라는 조건이 더해지니 충분히 매력이 있었다. 이것이 필자가 이곳을 선택한 실질적인 이유이다. 여기에 더 매력적인 포인트는 사무실 뒤에 있는 널찍한 테라스로, 활용도가 매우 높아 보였다. 실제로 구로 가산에 있는 150여 개의 건물 중 이 정도로 넓은 테라스가 있는 건물은 몇 개 없었다. 게다가 테라스를 사용하게 되면 재산세, 등록세, 취득세를 모두 부담해야 하는데, 여기는 공용 부분이라 비용을 부담하지 않고 사용할 수 있다는 것도 장점으로 크게 작용했다.

218~227호의 분양 금액은 약 20억 원인데, 개인신용이 높고 자산이 많다 보니 은행에서 고정금리 2.1%(3년)로 90%에 해당하는 담보대출을 받을 수 있었다. 10% 할인까지 받고 나니 실제로 들어간 현금은 취·등록세와 부가세를 제외하고 약 5,236만 8,000원이 되었다.

가산동 하우스디와이즈 타워 투자 내역	
실제 투자금액	5,236만 8,000원
부가세, 취·등록세(4.6%)	2억 4,137만 8,755원
보증금	4,000만 원
임대수익(9개월)	1,542만 원
대출이자	3,630만 원
시세차익	4억 160만 원
총수익	4억 1,702만 원

하우스디와이즈타워 조감도

비록 초역세권은 아니었지만 10% 할인된 금액으로 구매했고, 후에 땅값, 인건비, 건축비 등이 꾸준히 상승하면 주변 건물 신규 분양가가 계속 오를 것이라고 판단했다. 또 서부간선지하도로와 두산로 개통이 가격 상승에 호재가 될 것으로 보였다. 결과적으로 그 예상이 맞아 현재 1년 사이 약 10% 정도 올랐다.

처음 투자할 때가 어렵지 두세 번의 성공 사례가 있으니 냉철하게 보고 신속하게 판단할 수 있었다. 첫발을 떼기는 언제나 어렵지만 결국 과감한 도전과 경험 없이는 전문가가 되기 힘들다. 그러나 일단 전문가가 되면 훨씬 시야가 넓어지고 리스크가 적은 투자가 가능하다는 점을 명심하자.

06

가산 KS타워
1501~1504호

서울 금천구 가산동 60-14 가산KS타워

가산A1타워 분양 대행을 매우 성공적으로 끝낸 후 이번에는 시행사 이사가 가산KS타워의 8개 호실에 대한 분양을 제안해왔다. 하지만 평당 지원시설 분양가가 1,500만 원이 되다 보니 부담감이 앞섰다. 하루 동안 고민하고 있는데, 그 사이 3개 호실이 계약되었다. 더 지체하면 안 되겠다 싶어 남은 5개 호실을 모두 분양받았고, 이후 1개 호실을 전매 처리해서 현재 4개 호실을 보유하고 있다. 더 고민하지 않았던 것은 다른 곳이 계약되면서 마음이 급해진 것도 있지만, 그만큼 확신이 있었기 때문이다.

초역세권에 있는 가산KS타워는 당시 평당 지원시설 분양가는 1,500만 원이었지만 나중에는 1,800만 원은 넘을 것이라고 예상했다. 성수동에 있는 지식산업센터는 처음 분양가가 1,200만 원이었는데 얼마 안 되어 2,500만 원이 되었다. 가산KS타워가 있는 가산동은 유동인구가 많고 역세권이라 약 2년 6개월이 지난 후 실입주를 할 때는 평당 1,800만 원은 될 것이라고 예상했다.

가산KS타워의 장점은 무엇보다 초역세권이면서 1호선과 7호선을 모두 사용하는 더블역세권이라는 점이다. 이곳은 지원시설로 분양받았는데, 지원시설은 한국산업단지공단의 제재를 받지 않고 임대를 자유롭게 할 수 있다는 것이 큰 장점이다. 또 앞에서 말했듯 이곳 역시 연면적 1만 평이 넘는 건물인데, 이런 대형 평수의 경우 관리가 잘 된다는 장점이 있다. 그리고 '스타벅스가 있다'라고 하면 일단 유동인구가 검증되었다고 볼 수

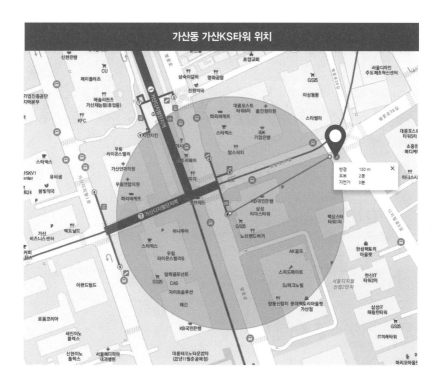

가산동 가산KS타워 위치

있는데, 가산KS타워 맞은편에 바로 스타벅스가 들어와 있다. 또한 이 건물 1층에도 스타벅스가 들어올 것으로 예정되어 있다.

가산KS타워의 경우 아직 계약금 10%만 넣은 상태로, 실질적인 수익은 2년 후에 알 수 있다.

가산KS타워 조감도

가산동 가산KS타워 투자 내역	
실제 투자금액	1억 4,852만 원
부가세, 취·등록세(4.6%)	0
보증금	0
임대수익	0
대출이자	0
시세차익	1억 4,852만 원
총수익	1억 4,852만 원

*분양 이전으로 비용이 발생하지 않음

부동산은 주인이 따로 있다고들 한다. 하루하루 고민하는 순간에 누군가는 계약을 하기 때문에 '이거다' 싶을 땐 신속하게 의사결정을 해야 한다. 물론 결정 전에 꼼꼼하게 따져보는 것은 필수지만, 기회는 마냥 기다려주지 않는다. 특히 서울지역의 역세권 건물들은 경쟁이 치열하기 때문에 좋은 타이밍을 잡는 것도 투자의 묘미라고 할 수 있다.

Knowledge Industrial Center

지식산업센터의
골든존을
찾는 법

지식산업센터 투자 유망지역은 따로 있다

많은 사람이 부동산에 투자할 때 시세차익과 월세라는 두 마리 토끼를 모두 잡기를 원한다. 아파트 투자는 시세차익은 얻을 수 있지만 월세를 얻기가 어렵고, 오피스텔 투자는 월세는 얻을 수 있지만 시세차익을 얻기 어렵다. 그러나 이 두 가지 이익을 모두 챙길 수 있는 투자처가 바로 지식산업센터다.

현재 가장 많은 지식산업센터가 위치해 있는 지역은 금천구, 구로구를 합쳐 1만 5,000개이고 15만 명의 고용 창출을 하고 있다. 성동구, 송파구, 영등포구, 강서구가 그 뒤를 잇고 있다. 금천구와 구로구의 평균 시세차익이 몇 년 사이 상당히 많이 올랐고, 물량 면에서도 활발한 공급이 이루어지고 있다. 성수역이 위치한 성동구의 경우 강남과 가깝기 때문에 수요가 굉장히 많지만 그만큼 시세도 높다. 그러나 현재 시세가 높다는 것은 많은

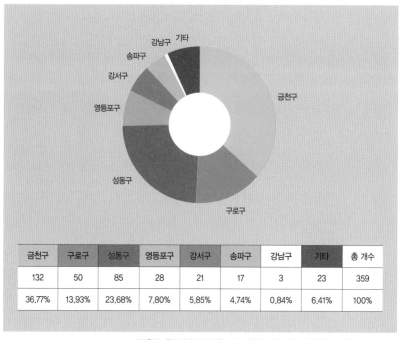

서울 지식산업센터 분포도

금천구	구로구	성동구	영등포구	강서구	송파구	강남구	기타	총 개수
132	50	85	28	21	17	3	23	359
36.77%	13.93%	23.68%	7.80%	5.85%	4.74%	0.84%	6.41%	100%

자료출처 : 한국산업단지공단(2021년 8월 말 기준) 전국 지식산업센터 현황 / 저자 재가공

인기를 증명하는 것이며, 향후 시세도 급등할 가능성도 크다. 공급 대비 수요가 많으니 가격이 계속 상승하는 것이다. 전국 지식산업센터 동향을 살펴보면 서울, 경기도, 인천 등의 수도권에만 지식산업센터의 약 80%가 몰려 있음을 알 수 있다.

지방은 수도권에 비해 토지세가 훨씬 저렴하고 밀집도가 낮기 때문에 지식산업센터의 필요성이 적다고 볼 수 있다. 지식산업센터의 입지는 두 가지로 나뉜다. 산업단지 안에 건설된 것과 산업단지 밖 개별입지에 건설된 것이다. 국가산업단지, 지방산업단지, 도시첨단산업단지, 외국인전용단지,

자유무역지역 등과 같이 산업단지 내에 세워진 지식산업센터는 산업단지 관리공단에서 관리하고, 개별입지의 지식산업센터는 시군구 지자체가 관리한다. 강원도, 경기도, 서울특별시, 울산광역시 등은 개별입지가 더 많고 경상남도, 대구광역시, 부산광역시 등은 지식산업단지 내 입지가 많다. 세종특별자치시는 지식산업센터가 단 1개소뿐이고 경상북도, 울산광역시, 제주특별자치도, 충청남도는 10개소 미만이다.

또 지식산업센터는 '등록'된 곳과 '승인'받은 곳으로 구분할 수 있는데, '승인'은 건축허가 등 지식산업센터의 건축이 승인된 것이다. 그리고 '등록'은 건물이 완공되어 준공허가를 획득한 것이다. '승인' 상태인 지식산업센터는 대부분 공사 중으로 2년 내 완공이 되며, 완공되었을 때 등록이 가능하다.

최근 12년간 지역별 지식산업센터 등록, 승인 건수(승인일 기준)

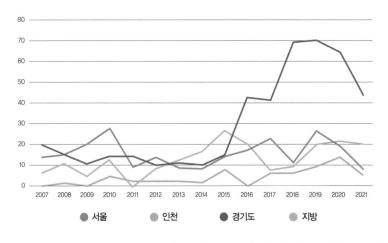

자료출처 : 한국산업단지공단(2021년 8월 말 기준) 전국 지식산업센터 현황

최근 12년간 지역별 지식산업센터 등록 · 승인 건수(승인일 기준)

	2007	2008	2009	2010	2011	2012	2013	2014	2015	2016	2017	2018	2019	2020	2021
서울	13	14	20	27	9	13	9	8	14	17	22	11	26	19	8
인천	0	1	0	4	2	2	2	1	7	0	6	6	9	14	5
경기도	19	15	10	14	14	10	11	10	15	42	41	69	70	64	43
지방	6	10	4	12	0	8	12	16	26	20	7	9	19	21	20

자료출처 : 한국산업단지공단(2021년 8월 말 기준) 전국 지식산업센터 현황

'최근 12년간 지식산업센터 등록 · 승인 건수' 그래프를 보면 최근 경기도에 지어지는 지식산업센터 수가 급격하게 늘고 있다. 지식산업센터가 거의 없었던 파주에도 2019년 16개의 승인을 받기도 했다. 또 2013년 이후부터는 지방에도 지식산업센터 수가 늘어나는 추세다.

서울은 강남에 지식산업센터가 많을 것 같지만 의외로 3곳밖에 없다. 현재 평당 800만~900만 원에 거래되는 지식산업센터가 있는가 하면 강남권은 최근 평당 2,300만 원에 거래된 곳도 있다. 평당 800만 원에 분양받은 사람이 1,800만 원에 거래했으니 시세차익이 상당하다. 그러나 공급이 적기 때문에 매물 찾기가 하늘에 별 따기보다 힘들고, 향후 5년 동안은 신축 지식산업센터가 지어지지 않을 것이라고 하니 더 상승세를 탈 것으로 보인다. 서울지역의 지식산업센터 평균 가격은 구로, 금천구를 기준으로 2014년 500만 원대 후반에서 1,600만~1,800만 원을 웃돌고 있으니 300% 이상 오른 셈이다.

지식산업센터 시장 동향, 분양가 및 매매가 시세

구분	분양가 및 매매가 시세	시장 동향
구로구/ 금천구 (G-밸리)	700~ 2,200만/평	'가산 SK V1센터'의 사업 성공 이후 활발한 공급을 나타내고 있으며, 매년 2~3개의 꾸준한 공급이 예상됨. 지식산업센터 청약 열기가 더해지면서 해당구 분양 시장에서는 완판 행진이 이어지고 있음. 웃돈 거래 역시 성행함. 최근 분양하고 있는 가산 대륭테크노타운 22차의 경우 분양가격이 3.3㎡당 1,600만~1,800만 원이며 구로 대륭테크노타운 8차의 경우 분양가격이 3.3㎡당 1,900만~2,100만 원이다.
성동구 (성수)	1,400~ 3,600만/평	강남 접근성이 뛰어나 선호도가 높은 지역이며, 가장 높은 시세를 형성하고 있으며, 역세권 주변으로 매년 1~2개의 상품이 꾸준히 공급됨. 지식산업센터 청약 열기가 더해지면서 해당구 분양 시장에서는 완판 행진이 이어지고 있음. 웃돈 거래 역시 성행함. 서울숲 에이원 센터의 경우 3.3㎡당 분양가는 1,400만 원대인데 2021년 현재는 2,800만 원대이다.
송파구 (문정)	1,400~ 4,000만/평	택지개발지구에 동시다발적으로 집중 공급되어 일시적인 공급 과다 상태이나, 입지에 따른 양극화 양상을 보임. 최근 지식산업센터 청약 열기가 더해지면서 해당구 분양 시장에서는 완판 행진이 이어지고 있음. 웃돈 거래 역시 성행함. 최근 분양하고있는 문정역 SK V1 2차의 경우 가격이 3.3㎡당 2,700만~2,800만 원대이다.
영등포구 (문래·양평)	1,100~ 3,200만/평	지식산업센터 선호도가 높아 역세권 상품의 경우 높은 분양 성과를 나타냈으며, 최근 사업 진행 및 검토가 지속됨. 지난 4월 분양을 시작한 '반도 IVY밸리' 분양가격은 3.3㎡당 3,000만 원대 후반(전용면적 기준)으로 분양한 지 한 달도 지나지 않아 완판됨. 올해 4월 분양한 'KLK유원시티' 분양가격은 3.3㎡당 대략 3,000만 원대 중반(전용면적 기준)으로 분양한 지 얼마 지나지 않아 완판됨. 인근 지식산업센터와 비교하면 10~20% 비싼 수준이지만 최근 개발되는 것들은 완판 행진 중. 지식산업센터 청약 열기가 더해지면서 해당구 분양 시장에서는 완판 행진이 이어지고 있음. 웃돈 거래 역시 성행함. 최근 분양하고 있는 양평자이비즈타워의 경우 분양가격이 3.3㎡당 1,500만 원대이다.
강서구 (가양·마곡)	1,350~ 2,450만/평	2012 '한강자이타워' 공급 이후 지역 내 수요한계로 추가 공급이 전무했으나 2016년 하반기 9호선 가양역 부근 '아빌테크노(연면적 약 9,000평)'가 공급되었고, 이후 추가 공급이 예상됨. 최근 개발 호재 형성으로 올해 9월 말 '마스터밸류 에이스' 분양 당일 지식산업센터와 상가까지 모두 완판됨. 지식산업센터 청약 열기가 더해지면서 해당구 분양 시장에서는 완판 행진이 이어지고 있음. 웃돈 거래 역시 성행함. 최근 분양을 시작한 가양역 아너비즈타워의 경우 분양가격이 3.3㎡당 1,700만 원대 추정이며 향후 양천 향교역 CJ부지는 2,500만 원대 분양 예정이다.

지식산업센터에 투자할 때 꼭 따져봐야 할 것은 바로 미래가치다. 즉 공실 없이 계속해서 가격이 상승할 것인가? 여기에는 크게 두 가지가 관여되는데 하나는 접근성, 다른 하나는 주변의 개발 여부다. 이 두 가지 요건이 잘 맞아떨어진다면 투자 유망지역이라고 할 수 있다. 즉 역세권인지 아닌지는 지식산업센터의 가격에 가장 큰 영향을 미친다. 지하철역이 생길 계획이 있는 곳도 투자에는 유리한 조건이 되며, 지하철 호선을 몇 개나 사용하는지도 영향을 준다. 또 주변 지역이 개발될 계획이 있거나 이미 주변 환경이 잘 조성되어 있는 경우에는 매매 가격이 높다.

서울에는 구로디지털단지역 주변을 유망지역으로 본다. 2024년에 완공을 예정하고 있는 신안산선이 개통되면 안산에서 여의도까지 1시간 안에 출퇴근이 가능해지는데, 구로디지털단지는 2호선과 함께 신안산선이 더해지면 더블역세권으로 가치가 상승할 가능성이 크다.

또 성남일반산업단지도 눈여겨볼 만하다. 기존에는 교통 불편으로 인한 접근성 때문에 저평가되어 있었지만 성남 1호선이 개통되면 가치도 올라갈 것이다. 동탄테크노밸리는 2018년부터 지식산업센터가 계속 지어지고 있지만 교통이 불편해 공실이 많았다. 여기에도 GTX 등을 통해 교통편이 개선되어 접근성이 좋아지면 그 가치가 훨씬 올라갈 것이다. 동탄역이 개통되면 동탄테크노밸리와의 거리가 1km 이내로 가까워지기 때문에 삼성역까지 20분 만에 갈 수 있고, 광역급행철도 A노선과 연결되는 동탄 트램을 이용한다면 동탄역까지 10분도 채 걸리지 않는다.

이처럼 전철이나 기타 편리한 교통시설이 있는 곳은 가치가 상승한다. 지역마다 차이는 있겠지만 역세권일수록 가격이 높고, 같은 역세권이라도 지하철역과 더 가까울수록 비싸다. 단, 철도 노선이나 지하철 개통은 착공 후부터 상당한 시간이 소요되고 예상보다 지연되는 경우도 많기 때문에 실행 시기를 정확하게 점검해보아야 한다.

그러면 서울과 경기도권의 주요 지식산업센터 현황을 한번 살펴보도록 하자.

⦿ 서울디지털국가산업단지

필자가 입주해 있는 곳이기도 한 서울디지털국가산업단지는 'G-밸리 (G-Valley)'라고 불리는 거대 산업단지다. 최근 지인들을 비롯해 몇 명의 사업주들에게 분양 및 거래를 중개하기도 했는데, 매우 높은 만족도를 보였다. 전국에서 가장 많은 지식산업센터가 몰려 있는 곳인 서울디지털국가산업단지는 1964년부터 1970년대 말까지 봉제·섬유·의류제조 산업단지로 시작해 1980년대에는 전기·전자제조업으로 바뀌었다. 그리고 2000년 이후 서울디지털국가산업단지로 명칭을 변경하고 고부가가치 첨단산업, 정보지식성 산업, 대기업 연구소, 벤처기업 등이 입주해 도시형 산업단지로 완전히 탈바꿈되었다. 단지 규모는 면적 192만 5,000㎡(약 11만 7,000평), 3단지 118만 6,000㎡(약 33만 평)이다. 전체 1만 1,000여 업체가 입주해 있으며, 1단지 4,300여 업체, 2단지 1,700여 업체, 3단지 5,000여 업체로 고용인원은 15만여 명이다. 단지별로 입주 업종을 보면, 1단지는 주로 지식서비스업으로 소프트웨어 개발 관련 업종이 전체 46.2%를 차지하고 있고, 2단지는 섬유 및 의복 관련 제조·판매시설들이, 3단지는 지식기반 제조업 및 소프트웨어 개발업체들이 들어와 있다.

개인적으로 금천구와 구로구를 좋아한다. 현재 시세차익을 보기보다는 미래의 가치를 살펴봤을 때 그렇다. 누구도 미래를 예측하기는 힘들지만 꾸준히 성장세를 보이는 곳이 유리하다고 본다. 우리는 과거의 역사를 통해 데이터를 얻을 수 있다. 그것을 참고한다면 시행착오를 피할 수 있다. 그래서 3년 전 데이터와 10년 전 데이터를 비교·분석한 결과를 참고해서 투자를 결정하고 있다.

또 지식산업센터에 투자할 때는 분산투자를 추천한다. 지인 중 한 분은 경기도에 200평가량의 물건을 분양받은 후 임대가 나가지 않아 어려움을

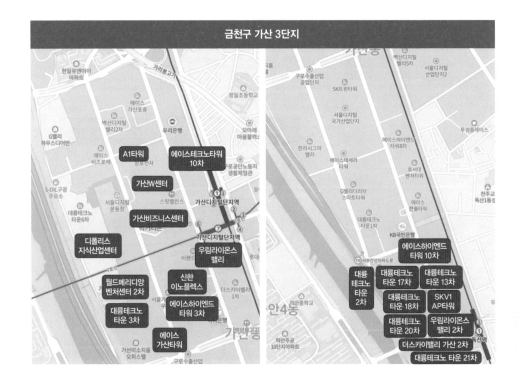

겪는 것을 보았다. 지식산업센터에 투자할 때는 가능한 지식산업센터를 지은 경험이 있는 건설사 브랜드를 선택하고, 서울 내에 있는 역세권인지를 잘 따져보는 것이 좋다.

현대지식산업센터 가산퍼블릭

가산YPP아르센타워 광역 조감도

구로와 가산디지털단지에 위치한 서울디지털산업단지는 2015년부터 시작해 매매가가 50% 이상 상승했다. 2013년 필자가 입주할 때보다 조금 더 상승했으니 계속해서 상승하는 추세라고 볼 수 있겠다. 수도권 지가 상승과 신규 분양 증가가 영향을 미쳤는데, 수요에 비해 공급이 많다 보니 매매가는 상승했어도 임대가는 다소 떨어진 양상을 보인다.

서울디지털산업단지는 크게 1, 2, 3단지가 있는데, 3단지의 규모가 가장 크고 지식산업센터의 수가 가장 많다. 3단지는 크게 가산디지털단지역을 중심으로 위쪽 지역과 아래쪽 지역으로 나누어 살펴볼 수 있다.

서울디지털산업단지 3단지

우림라이온스밸리
매매가 1,200만 원(평당)
임대가 3만 5,000원(평당)
수익률 4.8%
①

가산 SK V1 센터
매매가 1,200만 원(평당)

가산디지털단지역(1호선)

가산디지털단지역(7호선)

STX-V타워
매매가 900만 원(평당)
임대가 4만 5,000원(평당)
수익률 8.55%

롯데IT캐슬
매매가 850만 원(평당)
임대가 3만 2,000원(평당)

수출의 다리
②

SK트윈테크타워
매매가 650만~670만 원(평당)
임대가 2만 5,000~3만 원(평당)
수익률 10.3%

우림라이온스밸리 2차
매매가 800만 원(평당)
임대가 2만 7,000~3만 원(평당)
수익률 5.3%
③

독산역(1호선)

수익률 : 대출 80% 기준

먼저 역과 가장 가까운 ①번 지역의 우림라이온스밸리와 가산 SK V1 센터 지식산업센터의 가격이 가장 높다. 우림라이온스밸리와 가산 SK V1 센터의 매매가는 1,600만 원 수준인데, 역에서 좀 더 떨어질수록 800만 원(700~800만 원) 수준까지 떨어지며 공실률도 높아진다. 규모가 큰 가산 SK V1 센터 지식산업센터로 업체들이 많이 옮겨왔기 때문이다. 아무래도 지하철역과 가깝고 편의시설이 많고, 또 신규로 지어진 곳에 몰리기 마련이다. 지하철역에서 가까우면 출퇴근 시간 절약과 더불어 역세권 중심으로 상권 등의 환경이 조성되기 때문에 좀 더 유리할 수밖에 없다.

다음으로 ②번 지역은 거리상으로는 역과 멀지 않지만 수출의다리(금천

우림라이온스밸리

출처: 라이온스밸리

가산 SK V1 센터와 W센터

구 가산동 공단로에 있는 다리로 산업단지 안에 위치하고 있어 '수출의다리'라고 이름 지어졌다)가 고가차도로 연결되어 있어 아래쪽과는 단절된 느낌이다. 다리를 중심으로 위쪽과 아래쪽은 평당 200만~300만 원까지 매매가가 차이 나기도 한다.

마지막으로 ③번의 아래쪽 지역(독산역 사이)은 평당 약 800만 원대에 거래되며 역과 거리가 멀수록 700만~800만 원 이상 차이가 난다.

기본적으로 지식산업센터는 초역세권이며 1만 평 이상 되는 건물을 기준으로 투자하는 것이 기본 전략이다. 그러나 현재 필자가 사무실로 사용하고 있는 하우스디와이즈타워처럼 지하철역과 약간 거리가 있음에도 불구하고 평당 분양가가 절반 이하이거나 테라스 무상 사용 등의 큰 장점이 있을 경우에는 고려 대상이 되기도 한다.

현재 이 지역은 지식산업센터가 계속해서 생기고 있는 추세이지만, 역세권을 중심으로 지하철역과 가깝고 유동인구가 많은 쪽에 위치한 곳이 나중에 시세차익을 보고 팔거나 임대하기에도 유리하다. 그러나 최대한 2,000만 원 이하의 분양권을 취득할 것을 추천한다. 급매 혹은 기존 매물을 살펴보는 것도 도움이 된다.

또 투자를 목적으로 할 경우 송파구보다는 금천, 구로구를 추천하는데 임대수익률 관점에서 좀 더 유리하기 때문이다. 예를 들어, 송파구는 1평당 3,000만 원이지만, 금천, 구로구의 경우 기존 물건은 1평당 1,000만 원이다. 따라서 송파구에 30평을 사는 것보다 구로구에 90평을 사서 임대를 놓을 경우 송파구가 평당 임대료 6만 원, 금천구는 3만 원에 놓을 수 있어 더욱 유리하다. 즉 구매가가 3배인 데 비해 임대가는 1.5~2.5배 차이가 난다. 시세차익 역시 똑같이 10%가 오른다고 가정해도 임대수익률은 금천, 구로구가 더 좋은 편이다. 대부분의 사람이 시세차익을 내는 것이 송파구가 유리할 것이라고 생각하지만 실질적으로는 비슷하며, 그렇다면 임대수익률이 유리한 금천구가 좋다고 판단해볼 수 있다.

📍 영등포·당산 지식산업센터

영등포 하면 빼곡하게 들어선 공장지대가 떠오른다. 실제로 지적도상 준공업 지역으로 2000년대 전까지만 해도 소규모 공장들이 들어서 있었다. 2000년대에 들어서면서 지식산업센터가 많이 지어지고 개발도 큰 폭으로 이루어졌다. 이 지역의 매매가는 2016년에 비해 40%까지 상승했지만 이곳 역시 다른 지역처럼 임대료는 지식산업센터의 공급에 따라 오르고 내리며 지역별로 변동을 보이는 상황이다. 매물은 전 지역에 걸쳐 10개 내외 정도로 적은 편이지만 실사용자가 대부분이다. 매매가는 평당 1,300만~2,000만 원선으로 대출을 고려하면 임대수익률은 3~8% 수준이다. 분양가 3,000만 원이 넘어가면 기존 물건을 추천한다.

영등포 에이스하이테크시티 2차

이 지역의 경우 공급 대비 수요가 많아서 다른 지역보다는 투자에 유리한 점이 있다. 즉 분양 이후 입주 수요가 충분하다는 뜻이다. 모든 부동산은 수요와 공급의 원리가 적용되므로, 공급이 적고 수요가 많으면 당연히 가격은 올라가게 된다. 그러나 그만큼 매매가격이 많이 오른 상태이기 때문에 향후 얼마나 더 시세차익을 볼 수 있을지에 대한 세심한 고민이 필요하다. 이 지역처럼 공급이 적은 경우 수요가 많아 상관없지만, 반대로 주변 입주 물량이 너무 많으면 장기간 공실의 위험성이 커지게 된다. 때문에 분양을 받기 전에는 경쟁이 될 만한 주변 건물이 얼마나 많은지를 파악하는 것도 도움이 된다.

또한 영등포, 당산의 경우 유동인구가 많은 지역인 데다 사무실이 많이 입주해 있기 때문에 건물을 선택할 때 우선 입지를 잘 살펴봐야 한다.

입지만 잘 선택해도 성공 확률을 높일 수 있다. 앞에서도 말했듯 지식산업센터는 주로 출퇴근의 편리성을 위해 초역세권이나 더블역세권일수록 평당 단가가 확연하게 차이가 나는 만큼 대중교통의 접근성을 잘 살펴보아야 한다.

⟟ 성수동 지식산업센터

현재 성수동의 모습은 과거 성수동의 모습과는 사뭇 차이가 난다. 구두공장, 봉제공장들이 모여 있던 다소 빈티지한 모습의 성수동이 이제는 오피스 및 벤처기업들이 들어선 사무실 빌딩으로 가득하다. 특히 1990년대 풍림테크원, 영동테크노타워 등의 지식산업센터가 공급되면서 과거의 모

서울숲AK밸리 지식산업센터 조감도

출처: 성수AK밸리 지식산업센터 분양대행사 (주)피앤에프파트너스

습은 온데간데없고 오히려 지식산업센터의 이름에 걸맞게 다양한 지식산업체들이 들어와 전혀 다른 분위기를 보인다. 최근까지도 지식산업센터가 계속 건축되고 있다. 수도권 지역의 약 20%가량이 성수동에 있는데 강남과의 거리가 가까워 선호도가 높은 편이다. 성수동 지식산업센터의 평균 매매가격은 평당 1,400만~3,600만 원 수준으로 강남을 제외하고는 서울 시내에서 가장 높은 수준으로 문정동과 비슷하다. 거기에 비해 임대가격은 평당 4만 7,000~9만 7,000원선으로 대출을 고려한 평균 수익률은 3~5% 정도다. 성수동은 2016~2017년 분양이 많이 이루어졌으며, 2019~2021년까지 11개의 신축 지식산업센터의 분양이 예정되어 있다.

성수동 지식산업센터 위치

서울숲 SK V1 타워 조감도

성수역 현대테라스타워 조감도

출처: 힐스테이트

성수동 지역은 최근 유망 스타트업과 IT 대기업들이 모여들면서 매우 핫한 곳으로 부각되고 있다. 성수동은 지리적으로도 접근성이 좋고 가격 또한 합리적이어서 강남, 판교에 비해 유리하다. 강북이지만 강남과 직선 거리 4km, 지하철 2호선과 분당선으로 한 번에 이용할 수 있다. 서울숲과 한강공원이 있으니 빌딩들이 빽빽하게 둘러싸여 있는 강남이나 다른 지역보다는 덜 답답하고 쾌적한 느낌을 준다.

환경이 좋고 굵직한 기업들의 이동으로 인해 지식산업센터의 열기도 뜨거운 편이다. 새로운 지식산업센터의 건설 및 분양, 수요자들의 급등, 아파트와 주택의 정부 규제 등으로 지식산업센터에 투자가 늘면서 특히 이 지역의 분양 수요가 급등했다. 이렇게 수요가 많을 경우, 앞에서도 말했듯 비슷한 건물들의 조건을 잘 파악해서 선택해야 한다. 발품이 필요함은 물론이다.

역세권을 중심으로 한 건물들이 훨씬 유리하며, 역시 연면적 1만 평 이상의 넓은 평수가 관리 면에서 유리하다. 그러나 신규 건물이라고 해도 평당 3,500만 원이 넘어가지 않는 것을 추천한다. 3,500만 원이 넘어간다면 과감하게 급매나 신규가 아닌 기존 매물을 확인해보는 것도 방법이다. 이 지역은 향후 지속적으로 수요가 늘어날 것으로 예상되기 때문에 시세가 오를 것을 감안하여 적절한 타이밍을 잡는 것이 중요하다.

📍 문정동 지식산업센터

서울 송파구가 문정동 일대를 서울 동남권의 비즈니스 중심지로 육성하기 위해 적극 나섰다. 2022년 10월 송파구는 문정도시개발사업에 대한 발전 전략을 수립한 결과 모두 3개 분야의 10개 사업을 발굴했다고 발표했다. 주요 사업으로는 신성장동력 산업 발굴·육성 및 핵심 앵커시설 기능 강화를 위한 용역 추진과 도시관리계획 변경, 사업구역을 체계적으로 관리할 전담 지원센터 구성 및 운영, 컬처밸리·탄천 등 지역 자원을 활용한 문화 콘텐츠 확보 등이다. 또한 창의적인 광고물 설치를 가능하도록 해

이색 명소로 육성한다는 방침이다. 동남권 시민청 조성, 컬처밸리 활성화 사업, 송파대로변 문화가로 조성 등 외부 인구 유입과 체류 시간을 늘리는 집객 전략도 적극 추진해 문화·예술 복합상권의 기능을 강화할 것이라고 밝혔다(서울신문, 2020년 11월 27일자).

　문정동 대로변을 지날 때면 굵직굵직하게 올려진 빌딩들을 보며 깜짝 놀라곤 한다. 이색적인 도시, 복합적 비즈니스가 활성화된 곳으로 개발하기 위한 개발 정책이 한몫했을 것이다. 과거에 비하면 사뭇 다른 모습인데, 점점 더 도시적이고 세련된 모습을 갖춰나가는 중인 듯하다.

　위치나 분위기에 걸맞게 문정동 지식산업센터의 매매가격은 평당 1,400만~4,000만 원 수준으로 서울에서 가장 비싸다. 성수동과 비슷하지만 서울에서는 가장 최근에 지어진 지식산업센터가 자리하고 있기 때문에

문정현대지식산업센터

출처: 힐스테이트

문정역테라타워

출처: 건원건축

조금 더 비싼 수준이다. 같은 시기에 입주가 진행되어 물건은 많은 편이며, 임대수익률은 3~5% 수준으로 낮은 편에 속한다. 문정역 주변 역세권으로 지식산업센터가 들어서 교통편이 좋으며, 앞으로도 점점 접근성이 좋아지도록 개발될 예정이다.

문정동의 지식산업센터 역시 투자 수요가 급증하면서 평당 단가가 많이 올랐다. 몇 년간 큰 시세 상승으로 투자처로 인기가 높아지고 있다. 기존에도 지식산업센터로서는 서울에서 가장 비싼 곳이 문정동이었지만, 사실 임대수익률은 낮은 편이다. 시세가 높아진다고 해서 월 임대료가 높아지는 것은 아니기 때문에 높아진 시세에 비해 임대수익률은 낮아지는 것이다.

최근 평당 2,000만 원을 훌쩍 넘더니 이제는 3,000만 원을 웃도는 것도 많아졌다. 하지만 신규 건물의 경우 평당 분양 단가가 3,000만 원 이상이 넘어가는 것보다는 그 이하인 것을 위주로 선택하는 것이 좋다. 여의치 않다면 급매나 기존 매물을 중심으로 찾아보는 것이 낫다.

기본적으로 당연히 역세권을 추천하지만, 문정동은 워낙 잘 지어진 건물이 많기 때문에 편의성을 고려하여 건물의 시설이나 주변 환경 등을 고려해보는 것도 좋다. 지식산업센터는 한정된 부지 안에 지어지기 때문에 한없이 많은 건물이 지어질 수는 없다. 그래도 계속해서 주변에 좋은 건물이 많이 지어진다면 나중에 임대료를 낮추어야 하는 상황이 올 수도 있으므로 그 부분도 잘 파악해야 한다. 시세차익을 볼 것이 아니라 수익형으로 투자할 계획이라면 이 부분은 더욱 중요해진다. 현재는 서울 지역이 전반적으로 지식산업센터의 시세가 오르는 편이지만 영원할 수는 없다. 시세차익뿐 아니라 이후 입주할 기업의 수요를 잘 파악해보는 것이 멀리 내다보는 투자 전략이 될 것이다.

⦿ 동탄테크노밸리

이제 경기도권으로 한번 넘어가 보자. 가장 먼저 살펴볼 곳은 동탄테크노밸리다. 최근 분양을 시작한 지식산업센터인 현대 실리콘앨리는 뉴욕 맨해튼의 뉴미디어 벤처기업 밀집 지역인 '실리콘앨리(Silicon alley)'의 모습을 곳곳에 반영했다. 이곳은 지상 20층, 섹션 오피스 1,800호실과 기숙사 418실, 연면적 약 23만 8,000 m^2로 축구장 33개를 이어 붙인 크기다.

이곳뿐만 아니라 동탄에 들어선 지식산업센터는 규모가 크고 시설들이 좋은 편이다. 북카페, 체육관, 시스템에어컨 등의 편의시설이 갖춰져 있고,

동탄테크노밸리 계획도

출처: 동탄테크노밸리

영화관과 대형 서점, 볼링 연습장 등 주변 유동인구를 흡수할 수 있는 업종의 입점이 추진되고 있다(한경닷컴, 2019년 10월 27일자 참조). 또 교통 또한 편리해 접근성이 뛰어나다. 동탄신도시와 조성과 함께 조성되는 동탄테크노밸리는 동탄 IC 부근에 위치하는데 경부고속도로와 가깝다. 그리고 SRT 동탄역, 2021년에 개통되는 GTX를 통해 서울 강남권에 20분 내 진입이 가능해진다.

평당 분양가는 638만~1,168만 원선이다. 임대가는 평당 2만~2만 7,000원 정도이며, 대출을 감안한 수익률은 7~10% 정도로 예상된다. 입주 물량이 쏟아질 경우 공실이 발생할 수 있으므로 투자를 위해 분양 및 거래를 할 때는 반드시 이 부분을 꼼꼼하게 체크해야 한다. 전문가들은 이 지역을 매우 잠재력 높은 곳으로 평가하기도 한다.

앞에서도 이야기했듯 투자를 할 때 반드시 살펴보아야 할 것이 바로 미래 가치다. 교통의 편리성과 동탄2신도시의 조성 방향을 볼 때 5~10년 후가 기대되는 곳이라 할 수 있다.

동탄 실리콘앨리 조감도

출처: 동탄테크노밸리

금강 IX타워

출처: 동탄테크노밸리

더 퍼스트 타워 2, 3

출처: 동탄테크노밸리

　동탄 지역의 지식산업센터는 현재 공급량이 수요량보다 많은 편으로 투자 목적으로는 신중한 선택이 필요하다. 공실의 리스크가 있기 때문이다. 뒤에서 자세히 설명하겠지만 지식산업센터는 입주 가능 업종에 제한이 있다. 법령을 참고하여 들어올 업종을 파악해두는 것도 중요하다.

　동탄은 경부고속도로를 기준으로 동동탄, 서동탄으로 나뉘는데 그전까지만 해도 동동탄 지역의 공실률이 높았다. 그러나 최근 이 지역은 많이 개선되었고, 교통 호재로 인해 분위기가 좋아지고 있다. 따라서 당장의 시세차익보다는 장기적인 투자 목적을 가지고 꾸준히 지켜본다면 충분히 투자 가치가 있을 것으로 보인다.

⚲ 성남일반산업단지(성남하이테크밸리)

코로나19 여파로 인해 마스크 생산 공장이 무척 바빠졌다고 한다. 코로나
19 팬데믹이 장기화되는 것은 반대지만 그 여파로 고전했던 산업군들이
활성화되고 있다는 소식은 썩 나쁘지 않다. 식당과 술집의 영업 일수 및
시간이 줄어 소주 소비량이 줄었다가 손소독제 생산에 소주가 사용됨으
로써 생산된 소주를 충당하고 있다는 기사를 본 적도 있다. 현재 성남일반
산업단지 내 대형 평수의 공장이 거래되지 않는 것도 마스크 공장들의 활
성화에 따른 영향도 있다고 한다. 성남일반산업단지는 1974년도에 준공
된 오래된 산업단지로, 40여 년 동안 경기도를 대표하는 산업단지로 자리
해왔다. 조성된 지 오래되었다는 것은 최근 지어진 지식산업센터에 비해
지원시설이나 기반시설이 부족하다는 의미와도 같다. 지리적으로 서울에
서 멀지는 않지만 교통이 불편하고 편의시설이 부족해서 가격 변동이 크
지 않았다. 안양벤처밸리 가격이 상승할 때도 거의 변동이 없었다.

다행히 성남 1호선 사업이 진행 중이고, 성남시와 LH의 도시재생사업
추진으로 인해 첨단산업단지 조성을 예고하고 있다. 성남하이크밸리로 재
생되는 산업단지는 최신 지식산업센터와 함께 최신식의 R&D 소프트웨
어 개발에 초점을 맞춘 첨단산업단지로 조성되며, 거주시설(아파트·오피스
텔) 및 복지시설, 편의시설도 함께 마련될 예정이다. 이에 따라 기업체와
근로자 수가 늘어날 것으로 보인다.

성남하이테크밸리 위치도(지식산업센터)

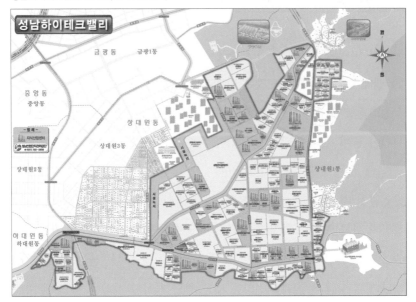

파란색 부분 지식산업센터, 출처: 비전성남

성남일반산업단지 전경(2017년 11월 항공 촬영)

출처: 비전성남

성남 센트럴비즈타워

출처: 중앙종합건설

　　성남일반산업단지 내 지식산업센터 평균 매매가는 450만~600만 원 수준이다. 서울과 경기도권 중에서는 매매가와 임대가가 가장 저렴한 수준이다. 또 다른 지역의 지식산업센터 매매가의 상승폭에 비해 10% 내외로 낮은 편이며, 최저가와 최고가의 차이도 크지 않다. 매매가가 낮은 만큼 대출을 고려한 임대수익률은 평균 13~19% 수준으로 다른 지역보다는 훨씬 높은 편이다.

　　최근 정부의 규제로 거의 마지막 투자처라고 할 수 있는 지식산업센터의 가격이 급등하고 있다. 이러한 추세와 함께 지식산업센터의 가격을 결정하는 데는 여러 요인이 작용한다. 교통이 얼마나 편리한지, 도심과의 접근성이 어떻게 되는지, 건물의 시설이 얼마나 잘 되어 있는지, 관리가 잘 되는지, 업무 환경이 어떤지, 한 건물 안에서 얼마나 많은 것이 해결되는지 등이다.

　　성남지역은 서울의 기타 지역에 비해 시설 면에서 다소 부족한 편이다.

식당, 카페, 상가, 개인적인 일을 보기 위한 다양한 편의시설이 잘 갖춰진 건물일수록 당연히 수요가 높고 시세도 올라가기 마련이다. 따라서 성남 지역은 비슷한 분양가일 경우 반드시 기존의 건물을 잘 살펴보고 차별성이 있는 것을 선택하는 게 훨씬 유리할 수 있다. 이 역시 발품이 필요한 작업이긴 하지만 향후 투자 가치에는 큰 영향을 미칠 수 있다.

성남은 큰 공장이 많기 때문에 유통의 편리성이나 관리가 얼마나 잘 이루어지는지에 대한 체크도 필요하다. 성남의 경우는 지금 현재보다는 미래의 가능성을 보고 투자를 판단해야 하는 만큼, 주변을 잘 점검하고 좋은 정보를 꼼꼼하게 찾아 신중한 선택을 하는 게 중요하다.

♀ 안양벤처밸리

마지막으로 살펴볼 지역은 안양시다. 안양시에는 현재 총 30여 개의 지식산업센터가 들어서 있다. 안양시의 만안구 안양동, 비산동, 관양동, 평촌동, 호계동 일원은 1970년대부터 수도권의 공업지역으로 발달했는데, 2000년에 안양벤처밸리로 지정되면서 많은 변화가 일어났다. 오래되어 낙후된 공업 공단지역이 첨단화되면서 지식산업센터로 채워졌는데, 2016년 이후로 추가 공급이 많이 이루어졌고 2020년까지 신축 건물이 계속 들어섰다. 명학역, 범계역, 평촌역, 인덕원역을 중심으로 다양한 지식산업센터, 경기도 경제과학진흥원, 경기벤처창업 지원센터, 안양창조산업진흥원, 평촌스마트스퀘어 등 주요 기업체 연구기관, 벤처 및 창업지원시설들

안양벤처밸리

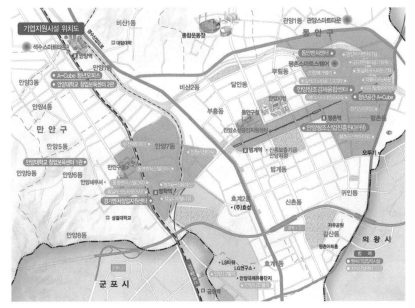

이 모여 있다.

2014년 이후 평균 20~40%가량 매매가가 상승했으며, 서울에 비하면 상승폭이 작은 편이지만 최근 들어 조금씩 상승하고 있다. 매매가는 평당 950만~1,350만 원 수준으로 서울보다는 30~40% 정도 낮으며, 대출을 포함 평균 수익률은 7~10%가량 된다. 다른 지역과 마찬가지로 역세권에서 멀어질수록 매매가 및 임대가가 낮아지는데, 지어진 지 10년이 다 된 건물도 역과 가깝다는 이유로 신축 건물보다 매매가가 비싸다.

에이스하이테크시티 평촌 조감도

금정역 SK V1 타워 조감도

　　안양지역은 서울과의 접근성이 우수해서 차선으로 많이 선택하는 지역
이다. 이 지역에는 전매나 분양권이 아니라 이미 임대가 들어와 있거나 기
존에 자리를 잘 잡은 공실 등에 투자하는 것이 유리하다. 하지만 최근 서
울지역 지식산업센터의 수요가 급증함에 따라 안양지역도 영향을 받게

되어 공급이 부족한 상황이 되었다. 그렇다 보니 신규 건물이 나오면 분양권 싸움이 치열해진다. 이런 경우에는 기존의 건물들 중 역세권을 중심으로 잘 분석하여 장기적으로 투자가 가능한 곳을 선택하는 것이 유리하다. 단, 이렇게 공급이 부족한 경우 갑작스럽게 신규 분양이 있을 경우 공실의 위험을 고려하지 않고 몰려드는 바람에 공실의 리스크를 안게 되는 경우가 있다는 점에 유의해야 한다.

02

지식산업센터 투자
핵심 포인트 12

필자가 20년 동안 사업을 해서 낸 수익보다 지난 7년간 부동산 투자를 통한 수익이 더 많다고 말하면 사람들은 농담처럼 듣곤 한다. 그러나 이는 농담이 아니다. 물론 기존의 사업에도 충실하고 있지만 부동산 관련업에도 집중하고 있는 상황이다. 과거 필자는 부동산 투자와 관련해서는 오히려 부정적 시각을 가지고 있었다. 투자와 투기를 오해했기 때문일 수도 있지만, 어쩐지 부동산으로 수익을 내는 것은 내 얘기가 아닌 것 같았다. 그러나 적합한 시기, 합법적이고 적절한 부동산 투자는 사업을 하는 데 큰 밑바탕이 되어주었다. 지금 적극적으로 사업을 하는 분들에게 유용한 정보를 전달하기 위해 노력하는 이유도 그 때문이다.

그리고 부동산 투자를 시작하고 난 후 이것을 업으로 하는 사람들이 정보를 쌓고 지식을 터득하기 위해 얼마나 많은 노력을 기울이는지 보면서 깜짝 놀랐다. 부동산 투자로 수익을 내는 것은 좋은 정보를 통한 분석력, 안목과 선택의 노련함에서 비롯된 것으로 결코 운만으로는 되지 않는다. 물론 운이 따라주면 더없이 좋겠지만 어디까지나 정보를 얻기 위한 노력, 조금이라도 나은 물건을 잡기 위해 발품을 파는 노력이 반드시 따라야만 한다.

필자에게 따른 운이었다면 지식산업센터를 알게 되어 투자를 할 수 있게 된 것이다. 정부의 부동산 투기 규제가 강화되고 있는 요즘, 마지막 투자처라고 할 정도로 지식산업센터에 관심이 집중되고 있다. 이 책을 읽는 사람들 역시 지식산업센터에 대한 정확한 정보를 바탕으로 은퇴 후 노후 준비, 사업의 안전자금 마련, 혹은 안정적인 사업 운영을 위한 사무실 확보에 도움이 되길 바란다.

이번 장에서는 지식산업센터에 투자할 때 꼭 알아두어야 할 12가지 핵심 포인트에 대해 이야기하려고 한다. 아마 한 번쯤은 아파트 분양이나 매매 혹은 임대를 위해 발품을 팔아본 적이 있을 것이다. 지식산업센터도 아파트와 비슷한 점이 많아서 투자를 할 때 짚어봐야 할 포인트도 그와 비슷하다. 먼저 지식산업센터의 매매가격에 영향을 미치는 요소들에 대해서 전체적으로 살펴보면 다음과 같다.

첫째, 지하철역과 가까울수록 금액이 올라가고 멀어질수록 내려간다.
둘째, 매매가격이 싼 곳이 수익률이 좋다. 임대가는 매매가에 비해 차이가 작다.

셋째, 같은 지역, 비슷한 위치라면 신축된 건물, 준공연도가 최근일수록 매매가, 임대가가 높다.

지식산업센터 매매 가격에 영향을 미치는 요소

연면적은 1만 평 이상으로 클수록 좋다. 로비, 휴게공간, 옥상공원 등 공용시설을 설치할 수 있어 쾌적한 환경을 제공할 수 있으며, 면적이 클수록 주차도 편리하고 관리도 훨씬 잘 된다.

전용률은 작을수록 좋다. 전용률이 높을수록 주차장 등 공용면적이 협소해져 사용자의 만족도가 떨어진다.

지하철과의 거리는 가까울수록 좋다.

지식산업센터 임대가격에 영향을 미치는 요소

연면적은 클수록 임대료가 높아진다.

상업시설과의 거리는 임대가격에 영향을 미친다. 주변에 상업시설이 많을수록 좋으며, 해당 건물에 업무 및 편의시설, 상업시설 등이 잘 갖추어져 있어 한 번에 해결이 가능할수록 선호도가 높아진다.

전용률이 높을수록 임대료가 낮아진다.

지하철과 멀어질수록 임대료가 낮아지기 때문에 역세권, 더블 역세권이 훨씬 유리하다.

그러면 중요한 포인트들을 좀 더 세부적으로 정리해보도록 하자.

⑨ 역세권인지 반드시 확인하라

우리가 '역세권'이라고 할 때는 역에서 건물까지의 거리가 500m 이내인 경우를 말한다. 대표나 임원급을 제외하고는 대부분 버스나 지하철로 출퇴근하기 때문에 사무실이 있는 건물은 무조건 역세권에 있는 것이 모든 면에서 유리하다. 즉 매매, 임대 등의 가격이 올라간다. 하지만 역세권이라고 해놓고 막상 해당 지역에 가보면 걸어서 가기엔 애매한 거리인 경우가 많다. 때문에 '도보로 몇 분'이라는 문구를 믿기보다는 직접 가서 발품을 팔아 역세권이 맞는지 확인할 필요가 있다.

또 '몇 년 후 지하철 개통'이라는 문구가 쓰여 있는 것도 심심찮게 볼 수 있다. 물론 가까운 미래(몇 년 이내)에 지하철이 개통될 수도 있지만 아주 먼 미래이거나 중간에 지하철 개통 사업이 중단되는 경우도 빈번하게 발생하므로 이 역시 정보를 꼼꼼하게 살펴봐야 한다.

⑨ 주변 환경을 잘 살펴라

지식산업센터의 가장 좋은 점 중 하나는 '공실이 적다'이다. 특히 성수동, 영등포구, 가산디지털단지 등은 사용자가 많아 금방 분양 및 임대가 되었는데, 인근에 있는 다양한 업체들(입주 가능한 업종)이 몰려와 분양을 받았기 때문이다. 이런 경우 공실이 있는 경우가 드물다. 지식산업센터 주변 환경이 사무실을 필요로 하는 업종들이 대거 자리하고 있는 경우 매우 유리하다. 반대로 주변에 일터가 별로 없으면 널찍한 곳에 좋은 건물을 올려놓아도 공실이 생기고 분양이 더딘 경우가 있다. 택지개발지구의 경우 공실 없이 모든 호실이 꽉 차고 활성화되기까지는 2년 이상 걸린다고 한다. 문정동이 대표적인 예다. 물론 2년 후에는 도시계획에 따라 그 전과는 비교할 수 없는 첨단도시, 지식산업도시로 발전하기도 한다.

또 주변 환경을 살펴볼 때 인접한 도로, 위치한 지역의 특성, 주변의 편의시설이나 유동인구 등을 고려하는 것도 중요하다. 지식산업센터는 건물에 따라서 편의시설이 들어간 현황이 모두 다르기 때문에 주변에 편리하게 이용할 수 있는 편의시설들이 잘 자리하고 있는지 살펴보아야 한다. 또 차로 다닐 경우 교통 체증, 도로의 편의성 등을 따져보는 것이 좋다. 실제로 역까지의 거리, 접면 도로의 폭, 접면 도로의 수, 건물 총 층수, 주차 대수, 연면적 등이 지식산업센터의 매매가에 영향을 미친다. 연면적이 크면 다양한 편의시설들이 많이 들어갈 수 있고 정원이나 옥상 조경도 훨씬 나은 편이다. 회의실, 샤워실 등의 공용시설들이 들어간 곳도 있어서 선택 시 참고해볼 수 있다.

⊙ 믿을 수 있는 전문가를 물색하라

2020년에 지식산업센터 거래를 도와드린 분이 있다. 그분은 가지고 있는 자금이 많지는 않았지만, 투자할 곳을 급히 찾는 상황이었다. 처음부터 필자에게 왔던 건 아니고 이곳저곳을 다니다가 결론을 내리지 못하고 방황

하고 있었다. 지인을 통해 필자와 상담 예약을 잡고 만났다. 돈이 많든 적든 얼마든지 즐겁고 설레는 마음으로 할 수 있는 게 투자다. 긍정적인 마인드와 결과에 대한 책임을 지겠다는 각오만 있으면 된다. 물론 이러한 마인드에 정확한 정보와 노력은 필수다. 그러나 종종 인터넷에 돌아다니는 정보에 의존하거나 믿을 만한 전문가를 만나지 못해 헤매는 경우를 보게 된다. 부동산 관련 사기를 당했다는 안 좋은 뉴스를 너무 많이 접하다 보니 쉽게 믿음을 갖지 못하는 것도 사실이다.

필자를 만나기 전에 만났던 사람들도 아마 충분히 좋은 사람들이었으리라 생각하지만, 결론적으로 거래를 하게 된 것은 서로 간의 신뢰와 그동안 쌓아온 경험치 때문이었다. 필자는 이미 지식산업센터에 입주해 사업을 운영하고 있고 다른 거래도 진행한 바 있다. 또 다른 분들의 거래를 여러 차례 도왔기 때문에 이런 실질적인 사례들이 믿음을 주었다.

나중에 다시 한번 이야기하겠지만 부동산 거래에 있어 전문가를 통하는 것은 무척 중요하다. 인터넷에 돌아다니는 정보를 맹신해서도 안 되며, 경험이 없는 사람에게 일을 맡겨서도 안 된다. 가능하면 분양받을 지식산업센터 인근의 부동산을 이용해 분양 후까지도 도움을 받을 수 있도록 하는 게 좋다. 그리고 계속해서 자문을 구하거나 소통이 가능한 전문가를 알아보는 것도 방법이다. 전문가라면 당연히 관련 질문에 대해 자세히 답변해줄 수 있는 사람이다. 또한 함께 고민을 공유하고 내 일처럼 적극적으로 나서서 도와줄 수 있는 사람이다. 이 두 가지를 충족하지 못한다면 그 사람을 믿지 않아도 된다.

📍 관리가 잘 되고 있는지, 잘 될 것인지 확인하라

지식산업센터에 투자를 하겠다고 나선 A사장이 고민이 있다며 찾아왔다. 이야기를 들어보니 같은 값이면 좀 더 넓은 곳에 투자해서 임대수익률을 높이고 싶은데, 현재 브랜드가 있는 시공사와 아닌 곳 중에서 고민하고 있다고 했다. 평수가 넓으면 임대가가 높아지는 건 사실이다. 그래서 조금이라도 넓은 평수(코너라든가)를 선호하기 마련인데, 같은 평수라 하더라도 이름 있는 시공사가 시공하게 될 경우 당연히 평당 가격이 조금 올라간다. 필자는 함께 이것저것 따져보다가 결국 평수가 다소 차이가 있지만 이름 있는 건설업체에서 시공한 곳을 추천해주었다.

이유는 간단하다. 앞에서도 이야기했지만 같은 연도에 지어진 건물이라도 노후가 되는 속도는 다르다. 관리 때문이다. 관리자 그룹이 활성화되어 건물 관리를 꼼꼼하게 하는 것도 큰 영향을 미치고, 애당초 시공을 할 때 어떤 자재를 쓰고 어떤 노하우를 갖고 지어졌는지도 적지 않은 영향을 미친다. 처음엔 큰 차이가 나지 않아 보여도 (으레 새 건물은 더 좋기 마련이다) 시간이 흐를수록 부실한 부분들에서 표가 나게 되어 있다. 경험과 노하우가 있는 곳에서는 조금이라도 더 나은 자재, 건물 내부의 디자인이나 작은 요소들조차 고급스럽고 세련된 느낌으로 짓는다. 물론, 유명 건설사라고 해서 모두 다 그런 건 아니므로 사전에 발품을 팔아 살펴볼 필요가 있다. 건물에 직접 가서 여기저기 확인해보는 것이 좋은데, 다음 요소들을 확인하면 도움이 될 것이다.

- 건물의 전체적인 분위기
- 같은 연도에 지어진 건물과 전체적인 노후 상태 비교
- 화장실 관리 상태와 시설 및 자재 수준
- 계단과 휴게공간의 상태와 활용도, 시설
- 창문, 도어 등의 자재와 상태
- 엘리베이터 시설, 활용도
- 주차장 관리, 시설
- 기타 관리가 활성화되었는지를 보기 위한 여러 공고문이나 안내문 비치 상태

⚲ 호실별로 가치가 다른 이유를 숙지하라

같은 건물 내 같은 조건의 호실인데도 다른 점이 특별히 있을까? 당연히 있다. 모퉁이 호실이 갖는 이점이 있고 꼭대기 호실이 갖는 이점도 있다. 또 도면을 잘 살펴보면 층별로 층고가 조금 더 높거나 서비스 면적이 포함된 곳도 있을 수 있다. 조금만 부지런해진다면 나중에 훨씬 유리한 조건으로 임대가 가능하기 때문에 투자를 위해서라면 이 정도의 노력은 기본이라고 생각한다.

다른 건물도 마찬가지지만 지식산업센터 또한 4층의 분양가가 가장 저렴한 편이다. 엘리베이터를 이용하지 않기도 애매한 저층이고, 고층처럼

뷰가 좋지도 않기 때문이다. 1층은 주로 지원시설이 들어가기 때문에 분양가가 비싸다. 2~3층도 근린생활시설이 들어서기 때문에 비싼 편이다. 그리고 뷰가 좋은 꼭대기 층부터 분양가가 비싸다. 지식산업센터에 오래 있어 본 사람들은 사람이 몰리는 시간에 엘리베이터 사용에 불편함을 느끼기 때문에 계단을 사용할 수 있는 저층을 선호하기도 한다. 직접 사용할 목적이라면 이런 점들을 고려해야겠지만 투자할 목적이라면 저렴하게 투자할 수 있는 4층도 괜찮다.

오피스텔이나 사무실도 그렇지만 같은 가격이라면 당연히 넓은 호실을 선호하는데, 주로 모퉁이 호실의 면적이 넓다. 서비스 면적도 넓고 창도 훨씬 시원하게 나 있다. 워낙 모퉁이 호실에 사람이 몰리기 때문에 옆 호실과 묶어서 한 번에 판매하기도 한다. 어느 건물이나 마찬가지지만 지식산업센터를 분양받을 때는 꼭 도면을 잘 살펴보라고 권하고 싶다. 자세히 보면 주변 시설이나 환경 등에 조금씩 차이가 있음을 알 수 있다. 휴게실과 가깝거나 화장실, 엘리베이터와 가까운 호실 등 여러 면에서 다르고 조금 더 나은 조건의 호실을 같은 가격에 분양받을 수 있기 때문에 사전에 확인하는 게 훨씬 유리하다.

또 지식산업센터에 투자하는 사람 중에는 지하 호실만을 선호하는 사람도 있다. 분양가 대비 수익률이 좋기 때문이다. 지식산업센터에는 '공장' 과 '지원시설'로 나뉜다. 지하에도 '공장'이 들어서는데 지하 1층부터 3~4층까지 들어서기도 한다. 지상층에는 사무실 형태의 업종들이 입주한다면 지하에는 진짜 공장들이 입주한다. 인쇄소처럼 소리, 냄새 등이 있는 업종은 대부분 지하로 간다. 지하는 물건을 상·하차하기에도 편리하다. 또 지하에는 창고가 있는데 지상층을 사용하는 사람들이 사무실에 놓을 수 없는 기타 물품들을 보관하기 위해 사용하기도 한다. 지하의 임대료는 분양가에 대비하면 훨씬 효율이 좋기 때문에 인기가 많은 편이다.

한때 복층 오피스텔이 대유행을 한 적이 있고 복층 빌라에 살아보고 싶어 하는 사람도 많이 늘었다. 복층이 아니더라도 층고가 높으면 답답함이 덜하다. 실제로 층고가 높은 사무실에서 일할 경우 창의성이 올라간다는 연구 결과도 있다. 층고가 높으면 냉난방비가 많이 나오지 않느냐며 걱정하기도 하지만 개인적으로는 층고가 높은 게 훨씬 장점이 많다고 생각한다.

지식산업센터에서 '좋은 호실'에 해당하는 몇 가지 조건이 있다. 일반 주택 부동산과 같은 점도 있고 다른 점도 있는데 한번 살펴보도록 하자.

첫째, 방향이 좋은가

무조건 남향이 좋다고 생각하는 사람들이 있는데 대부분 오전 9시에서 오후 6시까지 사무실에서 업무를 봐야 하는 직종의 경우 낮에 계속 해가 직격으로 들어오는 남향이 꼭 좋은 것만은 아니다. 오히려 이럴 때는 남동향을 추천한다. 밤에 주로 일을 하는 경우 서쪽으로 향이 난 사무실을 일부러 선택하는 경우도 있다고 한다. 즉 해가 잘 드는 것은 기본이지만 업종의 특성과 업무 성향을 고려하여 향을 선택하는 것도 방법이다.

둘째, 인테리어나 시설이 잘 되어 있는가

요즘 짓는 아파트들은 김치냉장고가 들어갈 자리를 따로 마련해주고 펜트리 공간은 기본적으로 주어진다. 고급 인테리어를 위한 별도 공간이나 드레스룸 또한 연예인들이 사용하는 것처럼 넓고 수납공간이 넉넉하게 만들어지는 곳도 많다. 또 처음부터 냉난방 시스템이 장착된 채로 지어지는 아파트도 많다. 지식산업센터는 기본적으로 설치되어 있는 인테리어라고 해봤자 별다른 건 없지만 그래도 시스템에어컨이 설치되어 있다면 임대할 때 훨씬 유리하다. 또 룸을 별도로 만들어놓은 경우도 있다. 회의실, 대표실, 휴게실, 탕비실 등을 분리하여 칸막이를 설치해놓았거나 바닥재, 벽체 등을 새로 꾸며놓은 곳도 있다. 입구 쪽에 안내데스크를 설치하거나 고급스러운 현판을 따로 설치해두기도 한다. 이런 인테리어는 기본적으로 퇴실 시 원상복구하는 게 원칙이지만 사무실에 일부러 비용을 들여 인테리어를 하는 경우도 많기 때문에 그대로 두고 임대를 놓으면 세가 잘 나간다. 따라서 인테리어를 잘 살펴보는 것도 좋은 호실을 선택하는 방법이 될 수 있다.

셋째, 모퉁이 호실과 꼭대기 층이 좋다

아파트는 모퉁이 호실의 개념이 특별히 없지만 오피스텔이나 사무실과 마찬가지로 지식산업센터에서는 모퉁이 호실이 인기가 많다. 모퉁이 호실은 개방감이 있고 채광도 다른 호실보다 뛰어나며 2면이 모두 창이 나 있거나 발코니가 있어 환기도 잘 되어 쾌적하다. 또 아파트는 냉난방비 때문에 꼭대기 층을 선호하지 않지만 지식산업센터의 경우 꼭대기 층은 뷰도 좋고 옥상 사용도 용이해서 훨씬 인기가 있는 편이다.

　층으로 보았을 땐 저층도 아니고 고층도 아닌 4층이 가장 인기가 없고, 성격이 급한 사람들을 위해 엘리베이터를 사용하지 않아도 되는 2~3층의 선호도도 높은 편이며, 전망이 좋은 꼭대기 층도 좋다. 호실의 크기는 실수요자의 경우 목적에 맞는 호실을 선택하면 되고, 투자를 할 목적이라면 작은 호실을 추천한다. 작은 호실은 면적이 큰 호실보다 가격 상승률이 높고, 임대도 잘 되는 편이기 때문에 여유가 있다면 큰 호실 하나보다는 작은 호실 두 개를 사는 게 낫다. 또 가급적 붙어 있는 호실을 사들여 매수자나 임차인의 요구에 따라 하나로 만들거나, 두 개를 따로 임대를 놓는 것도 지식산업센터의 거래 팁 중 하나다.

⚲ 투자가 목적이라면
주변지역의 입지와 신규 분양을 잘 살펴라

지식산업센터에 투자하는 사람들이 종종 간과하는 것이 있는데 바로 '주변에 다른 지식산업센터가 지어지고 있는가'이다. 수요와 공급의 원칙에 의해 공급이 많아지면 당연히 임대가가 낮아질 수밖에 없다. 그런데 주변에 새로 지어져 곧 분양될 지식산업센터가 있다면 100개 이상의 입주 호실이 나올 것이고 물건도 쏟아질 것이다. 하나가 아니라 여러 개라면 더 문제다. 몇백 개의 호실이 쏟아지면 임대가가 낮아지는 것은 당연하다. 최근 지식산업센터 건축이 활발해지면서 지역에 따라 이런 문제점은 더욱 심각해졌다. 때문에 미리 정보를 확인하는 것이 매우 중요하다. 지식산업센터의 공사 기간은 2년 정도 걸리기 때문에 비슷한 시기에 분양이 이뤄지면 비슷한 시기에 입주를 하게 된다. 물론 시간이 흐르면 임대가도 자연스럽게 상승하겠지만 급히 투자수익률을 내야 하는 상황이라면 적합하지 않으므로 주변 환경을 잘 따져보도록 하자.

⑨ 매수 타이밍을 잘 살펴라

"지식산업센터 매매에 적합한 타이밍이 있을까?"

분양을 받지 않고 직접 사용하거나 임대할 목적으로 구입하려면 일반 매매를 해야 한다. 이때 구매 타이밍을 잘 잡는 것은 물론 도움이 된다. 입주는 건물이 완공된 후 보통 1~2개월 사이에 이루어진다. 아파트들도 입주가 끝나고 난 후 남은 물건들은 가격을 살짝 내려서 매매하기도 한다. 지식산업센터도 입주 기간이 끝나갈 때쯤이면 가격이 조금씩 내려가는데, 잔금을 납입하지 못하는 사람들이 가격을 낮추어 내놓기 때문이다. 가능한 한 저렴한 가격에 매수하기 위해 타이밍을 기다리다가 놓칠 수 있기 때문에 입주 마감일 즈음을 기다리되 추이를 잘 살펴보다가 적절한 타이밍에 매수하는 것이 좋다. 특히 매수 시기는 개인이 판단하기 어려울 수 있으므로 전문가의 도움을 받아 진행하는 것이 유리하다.

📍 지식산업센터와 오피스텔의 차이점을 파악하라

첫째, 가장 큰 차이점은 바로 '주거가 불가능하다'는 점이다. 아파트처럼 각각의 호수에 소유주가 다르면 '오피스텔과 비슷하구나' 하고 생각하는 사람들이 있는데 업무 용도로 사용한다는 점은 같지만 주거가 불가능하다는 점에서 차이가 난다. 디자인이나 IT 업종에 종사하는 사람들은 야근이 많고 종종 철야를 하는 경우가 있는데, 이때는 간이침대를 활용할 수는 있지만 화장실을 공용으로 사용하기 때문에 그 이상으로 활용하기는 힘들다. 사무실 내 간이 탕비실이 있는 경우도 있지만 취사가 불가능하고 욕실도 없어 주거는 할 수 없다.

둘째, 오피스텔은 옆 호실을 하나 더 임대해서 두 개 혹은 그 이상을 사용할 수는 있지만 하나로 합칠 수는 없다. 그러나 지식산업센터는 확장이 가능하다. 한 회사가 확장을 위해 옆 호실까지 쓰고 싶을 경우 벽을 허물어 넓게 만들 수 있다. 물론 옆 호실을 임대받거나 소유했을 때만 가능한 얘기다. 반대로 여러 호실을 분양받아 전체를 사용하다 규모를 축소하기 위해 분리한 후 한 호씩 임대하는 것도 가능하다. 필자 역시 이런 경험이 있는데 이런 점은 활용 면에서 일반 오피스텔보다 훨씬 유연하다.

셋째, 업종 제한에 관련된 부분으로 일반 사무실, 오피스텔은 입주 업종에 제한이 없지만 지식산업센터에는 제한이 있다. 지식산업센터의 호실은 '공장'과 '지원시설' 두 가지로 나뉘는데, 공장은 사무실을 의미하고 지원시설은 편의시설을 의미한다. 여기서 공장 호실에는 IT, BT(바이오테크), 엔지니어링, 설계, 경영 컨설팅, 온라인 및 게임 소프트웨어 개발 및 제작업,

컴퓨터 및 SW 관련업, 통신업, 광고업, 보안시스템 서비스업 등의 회사만 입주 가능하다. 무역, 도소매, 유통, 의료기기 판매업, 세무사, 회계사, 변호사, 부동산공인중개사 등은 지식산업센터에 입주가 불가능하다. 「산업집적활성화 및 공장설립에 관한 법률」 제28조의5 '지식산업센터에의 입주'를 보면 지식산업센터에 입주할 수 있는 업종을 다음과 같이 규정한다.

① 지식산업센터에 입주할 수 있는 시설은 다음 각 호의 시설로 한다.
1. 제조업, 지식기반산업, 정보통신산업, 그 밖에 대통령령으로 정하는 사업을 운영하기 위한 시설
2. 「벤처기업육성에 관한 특별조치법」 제2조제1항에 따른 벤처기업을 운영하기 위한 시설
3. 그 밖에 입주업체의 생상 활동을 지원하기 위한 시설로서 대통령령으로 정하는 시설

② 제1항 제1호에 따라 지식산업센터에 입주할 수 있는 시설의 범위 및 규모는 대통령령으로 정한다.

이 규정은 완공될 때부터 멸실될 때까지 반드시 지켜야 한다. 만약 완공 후 5년 내에 입주 불가능 업종이라는 사실이 발각될 경우 분양 시 감면받은 취득세, 재산세를 추징당할 수 있다. 종종 사업자등록증에 업종을 추가하면 된다고 생각하는데, 절대 불가능하다. 입주 가능한 업종에서 매출이 발생해야 하기 때문이다. 세금계산서 등에서 실적인 확인되지 않을 경우 감면받은 취득세를 추징당함은 물론 과태료까지 내야 할 수 있기 때문에 주의해야 한다. 세입자의 경우 강제 퇴거 조치가 취해질 수도 있다. 퇴

거명령에 불응하면 1,500만 원 이하의 벌금형을 받을 수 있다고 하니 입주가 가능한 업종인지 잘 살펴봐야 한다.

지식산업센터에는 입주자를 위한 지원시설이 들어갈 수 있는데, 이는 연면적의 30%까지만 가능하다. 오피스텔이나 일반 사무실에는 면적에 대한 제약이 없다. 이때 지식산업센터의 지원시설에는 대부분의 업종이 가능하다. 「산업집적활성화 및 공장설립에 관한 법률」(36조 1항~6항)을 살펴보면 다음과 같다.

> 1. 금융·보험·교육·의료·무역·판매업(해당 지식산업센터에 입주한 자가 생산한 제품을 판매하는 경우만 해당한다)을 하기 위한 시설
> 2. 물류시설, 그 밖에 입주기업의 사업을 지원하거나 어린이집·기숙사 등 종업원의 복지증진을 위하여 필요한 시설
> 3. 근린생활시설(면적 제한이 있는 경우에는 그 제한 면적 범위 이내의 시설만 해당한다.)
> 4. 문화 및 집회시설 또는 운동시설로서 산업통상자원부령으로 정하는 시설
> 5. 음·식료품을 제외한 일용품을 취급하는 상점으로 일정 기준에 적합한 시설
> 6. 오피스텔(산업단지 안의 지식산업센터에 설치하는 경우로서 해당 산업단지의 관리기본계획에 따라 허용되는 경우만 해당한다.)

지식산업센터는 건물 중 30%가 근린상가와 지원시설, 기숙사로 지어지고 나머지가 오피스로 구성된다. 이때 30%만이 소유에 있어 업종이 자유롭고 나머지 70%에는 업종 제한이 있다.

♀ 분양 필수 조건을 파악하라

지식산업센터를 분양받을 때 반드시 적정 업종의 사업자만이 가능하다. 시행사는 분양을 할 때 분양받을 사람이 입주가 가능한 업종인지 확인한 후 분양을 하게 된다. 설립자가 지식산섭센터를 분양하기 위해서는 산업통상자원부령으로 정하는 바에 따라 모집공고안을 작성해 해당 지역의 시장, 군수 또는 구청장의 승인을 받아야 한다. 이때 공고안에는 지식산업센터에 적합한 사업자를 모집하지 않는다면 분양 승인이 힘들다. 따라서 공고안에는 '입주자의 자격 및 입주 대상 업종을 공고하고 이의 유자격자에 한해서 분양을 하겠다'는 문구를 넣게 된다. 「산업집적활성화 및 공장설립에 관한 법률」 제28조의4 '지식산업센터의 분양'를 보면 다음과 같다.

> ① 지식산업센터를 설립한 자가 지식산업센터를 분양 또는 임대하려는 경우에는 공장건축물 착공 후 산업통상자원부령으로 정하는 바에 따라 모집공고안을 작성하여 시장·군수 또는 구청장의 승인을 받아 공개로 입주자(지식산업센터를 분양 또는 임대받아 제조업이나 그 밖의 사업을 하는 자를 말한다. 이하 같다)를 모집해야 한다. 승인을 받은 사항 중 산업통상자원부령으로 정하는 중요사항을 변경하려는 경우에도 또한 같다.

그래서 분양을 받기 전에 분양을 받을 사람은 입주가 가능한 업종으로 사업자등록을 하기도 한다. 현재 사업을 하고 있지는 않지만 사업을 할 예정으로 분양을 받는 것이다. 기존에 해당 업종이 아닌 사업장을 가진 경우 추가로 사업자를 내어 분양을 받기도 하는데, 이때는 세무서에서 꼼꼼하게 점검할 수 있으므로 준비를 잘해야 한다.

📍 시설별로 투자할 때 유의사항을 점검하라

지식산업센터에는 공장에 해당하는 사무실과 상가와 같은 지원시설이 위치한다. 이 외에도 기숙사가 들어갈 수 있다. 법적으로 살펴보면 지식산업센터 내에는 입주 기업의 사업을 지원하기 위한 시설이 들어갈 수 있다고 되어 있는데, 종업원들의 복지를 위해 어린이집, 기숙사 등의 시설이 이에 해당한다. 단, 입주한 회사에 근무하는 직원들만이 이 시설들을 이용하는 것이 합법이다. 종종 이런 기숙사를 주거가 가능한 오피스텔처럼 홍보해서 외부 사람들도 임대할 수 있다고 유도하는 경우가 있는데 이는 불법이다. 지식산업센터 내 사무실에 근무하는 사람의 경우 풀옵션에 대출도 일반 오피스텔보다 잘 나오고 관리비도 저렴한 편이어서 회사의 복지시설로 분양을 받거나 직원들의 기숙사로 임대하는 것도 방법이 될 수 있다. 물론 회사와 집의 거리를 단출할 수 있다는 점에서는 괜찮다. 하지만 어떤 면에서는 프라이버시가 침해될 수 있기 때문에 오히려 직원 입장에서 꺼려할 수도 있다는 점은 참고하자.

1층에는 주로 편의점, 카페, 부동산중개업소와 식당 등이 입주해 있고, 은행, 베이커리, 미용실 등이 입점하기도 한다. 사무실에 입주한 사람들이 주로 낮에 일을 하기 때문에 낮 시간을 이용해 장사하는 업종들이 입주한 것이다. 역에서 가까운 곳에는 간혹 늦게까지 여는 맥주집이나 펍, 일본식 선술집 등이 들어서기도 한다. 2~3층에는 2종 근생 사무소들이 들어간다. 지하에는 창고가 들어가는데 최근에는 창고, 근생 사무소, 기숙사의 수요가 늘어나면서 여기에 투자하려는 사람도 늘고 있다. 특히 부동산이나 편의점 등은 한 곳 이상 들어갈 수 없기 때문에 분양 후 프리미엄을 받고 일반인에게 팔기도 한다. 그러나 최근 코로나19의 영향도 있고 스마트폰의 발달로 인해 배달의 민족 같은 배달 영업이 성행하는 데다 온라인을 통한 쇼핑이 늘고 있어 특히 지식산업센터에 입주한 상가들의 영업 매출이 눈에 띄게 줄고 있다. 때문에 업종 선택과 신중한 투자가 필수적이다.

지식산업센터의 창고는 임대수익률이 높고 분양가도 저렴하기 때문에 투자자에게도 인기가 있다. 주로 2층 이하에 자리 잡은 창고는 지상층을 사용하는 사무실에서 사용하지 않는 집기나 물건들을 두는 데 사용되기도 하고, 다른 건물 입주자들이 별도로 창고만 사용하기 위해 임대하는 경우도 많다. 공실이 날 가능성이 적다는 뜻과도 같다. 워낙 선호도가 높다 보니 별도 분양 없이 지상층을 분양받은 사람에게만 분양하는 경우도 생겨났다. 창고는 관리비는 똑같이 적용되지만 주차는 배정되지 않는 곳도 많다.

1층에 있는 상가들과 달리 사무실로 사용하지만 업종 제한이 없는 곳이 바로 근생 사무소다. 지식산업센터 내에는 근생시설이 들어설 수 있도록 분양한 호실들도 있는데, 지식산업센터 내 일반 사무실 호실보다는 분양가가 더 높은 편이고 크기는 적은 편이다. 이러한 근생 호실에는 일반 호실에 입주가 불가능한 변호사 사무실, 무역업체, 유통업체, 법무사, 세무사 등이 입주할 수 있다. 이러한 근생 시설은 주로 2층이나 꼭대기 층에 자리한다.

📍 건설사가 어떤 곳인지 파악하라

우리가 아파트를 분양받을 때 꼭 따져보는 것 중 하나가 바로 건설사다. 10년 전쯤 지인들이 신도시로 동시에 이사를 한 적이 있다. 새로 지어진 아파트를 분양받아 들어갔는데, 선호하는 타입이 달라서 각각 다른 건설사의 아파트에 들어갔다. 그리고 10년 후 한자리에 모였을 때 시간이 흐르면서 건설사마다 노하우와 경험에 따라 건물의 노후도가 얼마나 달라지는지에 대해 이야기한 적이 있다. 그때 공통적으로 잘 지은 건물일수록 건물이 낙후되는 속도가 더디며, 시설 또한 훨씬 편리하고 섬세하게 설계되어 있다고 말했다.

일반 아파트들도 오랜 경험으로 탄탄하고 정교하게 잘 짓는 곳이 따로 있듯이 지식산업센터도 마찬가지다. 아파트를 잘 짓는 곳이 상가 건물을 꼭 잘 짓는 것은 아니듯이 주택 부분에 이름이 난 건설사가 지식산업센터를 잘 짓는 것은 아니다. 오히려 메이저급의 대형 건설사들보다는 지식산업센터를 시공한 경험이 많고, 그만의 노하우를 가진 기업이 더 나을 때가 있다. 따라서 투자를 위해 따져볼 때는 건설사도 잘 체크해보는 것이 좋다.

ⓥ 발코니 확장 가능 여부를 점검하라

사무실이든 아파트든 조금이라도 넓고 쾌적하게 사용하려는 마음은 모두 가 같을 것이다. 그래서 새로 지어지는 아파트에 발코니가 딸려 있어도 일 부러 확장 비용을 들여서라도 확장해서 넓게 사용하곤 한다. 실제로 아파 트도 확장 여부에 따라서 임대 혹은 매매가격이 달라진다. 지식산업센터 를 분양받는 사람들도 마찬가지다. 최근에는 대부분의 지식산업센터 호실 에도 발코니가 딸려 나오는데 확장하고 싶어 하는 경우를 보게 된다. 그래 서 지식산업센터를 분양하다 보면 "발코니 확장해도 되죠?" 하고 물어보 는 경우가 있는데 답은 '가능하다'이다. 분양받은 이가 그대로 사용할 경 우에는 70% 이상이 발코니를 확장해서 사용한다. 필자도 사무실을 얻을 때 발코니에 대한 로망이 매우 컸다. 발코니 사용 여부와 확장 가능 여부 는 지식산업센터를 직접 사용할 경우 매우 매력적인 요소가 된다.

지식산업센터의 발코니 확장은 법적으로 규제하지 않는 상황이다. 단, 발코니에 비상구 시설이 있다면 확장이 불가능하며 화재 시 위험성을 고 려해 스프링클러가 필요하면 추가로 설치해야 한다. 또 방화판이나 방화 유리도 설치해야 한다. 법적으로 특별한 규제가 없어 아파트처럼 아예 건 축할 때 확장이 가능하도록 짓기도 하는데, 법적으로 소방시설에 문제가 되지 않는다면 무방하다고 볼 수 있다.

지식산업센터 입주 가능 업종 분류표

Tip 1

제조업 관련 입주 가능 업종

중분류	코드	소분류
음식료	10	식료품 제조업
	11	음료 제조업
	12	담배 제조업
섬유, 의복	13	섬유제품 제조업
	14	의복, 의복액세서리 및 모피제품 제조업
	15	가족, 가방, 마구류 및 신발
목재, 종이, 출판	16	목재 및 나무제품 제조업
	17	펄프, 종이 및 종이제품 제조업
	18	인쇄 및 기록매체복제업
석유화학	19	코크스, 석유정제품 및 핵연료
	20	화학물질 및 화학제품 제조업
	21	의료용 물질 및 의약품 제조업
비금속 소재	22	고무제품 및 플라스틱제품 제조업
철강	23	비금속광물제품 제조업
기계	24	제1차 금속산업
	25	금속가공제품 제조업(기계 및 가구 제외)
	29	기타 기계 및 장비 제조업
전기전자	26	전자부품, 컴퓨터, 영상, 음향 및 통신장비 제조
	27	의료, 정밀, 광학기기 및 시계 제조업
	28	전기장비 제조업
운송장비	30	자동차 및 트레일러 제조업
	31	기타 운송장비 제조업
기타	32	가구제조업
	33	기타 제품 제조업

첨단업종	34110	자동차용 엔진 제조업
	34121	승용차 및 기타 여객용 자동차 제조업
	34301	자동차 엔진용 부품 제조업
	34302	자동차 차체용 부품 제조업
	34309	기타 자동차 부품 제조업
	35310	항공기, 우주선 및 보조장치 제조업
	35321	항공기용 엔진 제조업
	35322	항공기용 부품 제조업

지식산업 관련 입주 가능 업종

중분류	코드	소분류
연구개발업 (701,702)	70111	물리, 화학 및 생물학 연구개발업
	70112	농학 연구개발업
	70113	의학 및 약학 연구개발업
	70119	기타 자연과학 연구개발업
	70121	전기전자공학 연구개발업
	70129	기타 공학 연구개발업
	70201	경제학 연구개발업
건축기술, 엔지니어링및 관련기술 서비스업(721)	70209	기타 인문 및 사회과학 연구개발업
	72111	건축설계 및 관련 서비스업
	72112	도시계획 및 조경설계 서비스업
	72121	건물 및 토목 엔지니어링 서비스업
	72122	환경컨설팅 및 관련 엔지니어링 서비스업
	72129	기타 엔지니어링 서비스
그밖의 과학기술 서비스업(729)	72911	물질 성분 검사업
	72919	기타 기술 시험, 검사 및 분석업
	72921	측량업
	72922	제도업
	72923	지질 조사 및 탐사업
	72924	지도 제작업

광고업 중 일부(713)	71393	광고물 작성업
영화, 비디오물 및 방송프로그램 제작업(5911)	59111	일반 영화 및 비디오물 제작업
	59112	애니메이션 영화 및 비디오물 제작업
	59113	광고 영화 및 비디오물 제작업
	59114	방송 프로그램 제작업
음악 및 기타 오디오물 출판업	59201	음악 및 기타 오디오물 출판업
전문 디자인업(732)	73201	인테리어 디자인업
	73202	제품 디자인업
	73203	시각 디자인업
	73209	기타 전문 디자인업
출판업	58111	교과서 및 학습 서적 출판업
	58112	만화 출판업
	58119	기타 서적 출판업
	58121	신문 발행업
	58122	잡지 및 정기 간행물 발행업
	58123	정기 광고 간행물 발행업
	58190	기타 인쇄물 출판업
포장 및 충전업	75994	포장 및 충전업
번역 및 통역서비스업	73902	번역 및 통역 서비스업
전시 및 행사 대행업	75992	전시 및 행사 대행업
교육서비스업	85640	직원훈련기간
환경 정화 및 복원업	39001	토양 및 지하수 정화업
	39009	기타 환경 정화 및 복원업
시장조사 및 여론조사업	71400	시장조사 및 여론조사업
사업 및 무형재산권 중개업	73903	사업 및 무형재산권 중개업
물품감정, 계량 및 견본 추출업	73904	물품감정, 계량 및 견본 추출업
무형재산권 임대업	69400	무형재산권 임대업
경영컨설팅업	71531	경영 컨설팅업

정보통신산업 관련 입주 가능 업종

중분류	코드	소분류
소프트웨어 개발 및 공급업(582)	58211	온라인및 모바일 게임 소프트웨어 개발 및 제작업
	58219	기타 게임 소프트웨어 개발 및 제작업
	58221	시스템 소프트웨어 개발 및 제작업
	58222	응용 소프트웨어 개발 및 제작업
	62010	컴퓨터 프로그래밍 서비스업
컴퓨터 시스템 통합 자문 및 구축시스템업(62021)	62021	컴퓨터 시스템 통합 자문 및 구축 서비스업
자료처리, 호스팅 및 관련 서비스업(6311)	63111	자료 처리업
	63112	호스팅 및 관련 서비스업
	62022	컴퓨터시설 관리업
데이터베이스 및 온라인 정보제공업(639)	63991	데이터베이스 및 온라인 정보 제공업
	63120	포털 및 기타 인터넷 정보 매개 서비스업
기타 정보기술 및 컴퓨터운영 관련 서비스업	62090	기타 정보기술 및 컴퓨터 운영 관련 서비스업
전기통신업(612)	61210	유선통신업
	61230	위성통신업
	61291	통신재판매업
	61299	그외 기타 전기통신업
기타 확대 입주 업종	75991	콜센터 및 텔레마케팅 서비스업 : 통신판매업/대부업/다단계 제외
	71391	옥외 및 전시 광고업
	7131	광고대행업
	73909	그 외 기타 분류 안된 전문, 과학 및 기술 서비스 업 : 보존서적 방부처리 서비스
	74100	사업시설 유지관리 서비스업 : 사업시설 유지관리, 기관시설 유지관리
	75320	보안 시스템 서비스업

각 지역별 지식산업센터 현황표

구로·가산 서울디지털산업 1단지

시군구	지식산업센터명	등록구분	등록일	용지면적 (㎡)	건축면적 (㎡)	제조면적 (평)	부대면적 (평)	분양가평당가격 (만 원)
구로구	JNK디지털타워	등록	2012. 04. 30	7,898	56,904	45,625.78	11,278.08	680
구로구	NHN KCP	등록	2019. 06. 26	2,975	14,831	13,486.1	13,44.92	670
구로구	STX W−타워	승인		7,384	55,745	52,063.98	36,81.43	
구로구	구로 SK V1 center	등록	2021. 08. 26	8,317		0	0	
구로구	구로대명밸리온 지식산업센터	등록	2018. 09. 20	4,346	38,462	34,350.67	4,110.85	738
구로구	그린빌딩지식산업센터	등록	2020. 11. 23	850	2,279	2,237.25	42.12	
구로구	대륭포스트타워1차	등록	2008. 04. 03	12,820	93,505	74,906.25	18,598.5	460
구로구	대륭포스트타워2차	등록	2005. 12. 15	10,305	77,398	61,964.67	15,432.98	460
구로구	대륭포스트타워3차	등록	2007. 08. 13	7,087	51,040	41,080.16	9,959.55	460
구로구	대륭포스트타워7차	등록	2012. 12. 28	6,086	49,587	40,586.75	9,000.35	660
구로구	대륭포스트타워8차	승인		13,095	99,479	90,772.28	8,706.64	
구로구	동일테크노타운 1차	승인		1,685	9,176	9,176.42	0	396
구로구	동일테크노타운 2차	승인		1,128	4,876	3,148.23	1,728.06	
구로구	드림마크원데이터센타	등록	2018. 11. 02	5,718	23,146	12,480.9	10,664.87	
구로구	마리오디지털타워	등록	2008. 01. 22	11,936	74,102	59,470.81	14,631.03	430
구로구	벽산디지털밸리1차	등록	2008. 09. 11	5,520	34,122	28,698.16	5,423.43	570
구로구	벽산디지털밸리3차	등록	2004. 07. 30	5,689	38,580	31,168.07	7,412.4	570
구로구	벽산디지털밸리7차	등록	2009. 06. 26	3,660	25,438	20,533.14	4,904.68	500
구로구	삼성IT밸리	등록	2007. 06. 05	7,270	46,627	3,7352.6	9,274.74	450
구로구	아남빌딩	등록	2014. 03. 11	1,497	8,349	8,012.13	336.61	
구로구	아티스포럼	승인		8,559	63,087	52,685.59	10,401.34	
구로구	에이스테크노타워 1차	등록	2020. 10. 08	5,584	34,233	30,494.99	3,738.05	350

구로구	에이스테크노타워 2차	등록	2019. 11. 11	4,959	25,358	23,307.78	2,050.64	350
구로구	에이스테크노타워 3차	등록	2010. 10. 13	6,488	38,080	27,305.07	10,774.75	330
구로구	에이스테크노타워 5차	등록	2019. 01. 24	6,390	40,420	34,187.07	6,232.74	320
구로구	에이스테크노타워 8차	등록	2019. 02. 25	6,778	42,352	31,899.65	10,452.41	368
구로구	에이스트윈타워1차	등록	2020. 06. 19	6,467	41,724	31,868.29	9,855.31	400
구로구	에이스트윈타워2차	등록	2020. 11. 02	6,357	61,049	51,543.64	9,505.41	420
구로구	에이스하이앤드타워2차	등록	2013. 01. 11	6,740	43,023	35,904.99	7,118.44	580
구로구	에이스하이엔드타워	등록	2005. 11. 23	11,648	74,300	59,577.79	14,721.98	425
구로구	오닉스 지식산업센터	등록	20201103	1,110	8,359	6,017.23	2,341.88	
구로구	우림이비즈센터	등록	20130415	9,382	60,133	57,761.55	2,371.55	375
구로구	우림이비즈센터2차	등록	2005. 09. 26	8,579	54,633	43,919.74	10,712.87	380
구로구	이-스페이스	등록	2020. 03. 27	6,186	38,116	35,902.7	2,212.9	320
구로구	이앤씨드림타워2차	등록	2010. 06. 23	7,081	47,419	33,205.7	14,213.48	420
구로구	이앤씨드림타워3차	등록	2004. 11. 12	4,846	32,213	22,595.02	9,618.04	435
구로구	이앤씨드림타워5차	등록	2020. 03. 27	3,037	19,966	1,5971.79	3,994.7	320
구로구	이앤씨벤처드림타워6차	등록	20200409	4,986	32,987	26,390.99	6,596.12	424
구로구	지플러스코오롱디지털타워	등록	2013. 09. 17	6,293	46,966	37,582.68	9,383.292	420
구로구	자-하이시티	등록	2019. 11. 18	7,056	48,035	40,055.07	7,980.383	870
구로구	천강	등록	1995. 06. 01			0	0	
구로구	코오롱디지털타워빌란트	등록	2004. 04. 26	8,798	57,122	54,106.59	3,015.23	350
구로구	코오롱디지털타워빌란트2차	등록	2020. 03. 27	6,096	39,702	31,774.01	7,928.47	
구로구	코오롱싸이언스밸리1차	등록	2005. 09. 12	5,841	40,160	32,161.95	7,997.98	460
구로구	코오롱싸이언스밸리2차	등록	2006. 11. 17	12,380	93,432	74,784.1	18,647.45	460
구로구	태평양물산	등록	2021. 02. 10	6,320	46,550	32,843.66	13,706.07	
구로구	파트너스타워2차	승인		2,666	18,660	13,160.85	5,498.7	
구로구	한신IT타워	등록	2010. 10. 21	12,870	81,900	78,239.64	3,660.47	375
구로구	한화비즈메트로 1차	등록	2011. 03. 16	7,435	53,853	43,153.66	10,699.34	
구로구	해든산업개발	승인		4,313	38,024	37,122.73	901	

구로·가산 서울디지털산업 2단지

시군구	지식산업센터명	등록구분	등록일	용지면적(㎡)	건축면적(㎡)	제조면적(평)	부대면적(평)	분양가 평당 가격 (만 원)
금천구	(주)천재교육	승인		5,134	42,502	36,916.43	5,585.63	
금천구	IT미래타워	등록	2007. 06. 14	4,959	31,873	25,505.17	6,367.41	
금천구	KS타워	승인		4,959	39,616	27,737.67	11,878.36	1,450
금천구	SJ테크노빌	등록	2008. 07. 08	14,457	99,821	69,943.32	29,877.82	
금천구	가산동 60-9	승인		9,379	76,778	53,930.61	22,847.74	
금천구	가산테라타워	등록	2020. 05. 04	11,228	86,239	69,645.33	16,593.34	800
금천구	갑을그레이트밸리	등록	2010. 07. 01	9,031	64,470	53,098.24	11,371.38	570
금천구	금천디지털타워	승인		572	2,602	2,126.8	475.08	
금천구	대륭포스트타워5차	등록	2019. 07. 25	9,394	77,006	61,780.64	15,225.76	660
금천구	대륭포스트타워6차	등록	2020. 04. 20	13,213	99,970	79,714.27	20,255.79	750
금천구	더리즌밸리	등록	2020. 10. 22	3,156	25,154	20,254.09	4,899.47	835
금천구	리더스타워	등록	2020. 03. 27	7,099	51,505	36,182.64	15,322.77	
금천구	마리오-2 패션타워	등록	2010. 12. 03	5,140	27,917	19,548.08	8,369.41	
금천구	백상스타타워1차	등록	2020. 04. 24	4,271	27,862	22,542.67	5,319.19	
금천구	벽산디지털밸리5차	등록	2006. 04. 27	8,503	60,595	48,503.48	12,091.38	680
금천구	비전파크	승인		8,238	63,076	45,087.19	17,989.19	
금천구	삼성IT해링턴타워	등록	2021. 02. 01	4,297	33,106	2,6603.9	6,502.373	1,200
금천구	스타밸리	등록	2007. 07. 19	673	3,898	2,233.11	1,665.35	
금천구	에이스하이엔드타워6차	등록	2014. 09. 01	8,054	59,084	47,770.95	11,313.36	620
금천구	에이스하이엔드타워클래식	등록	2020. 07. 02	11,405	77,198	62,447.19	14,751	900
금천구	엘리시아	등록	2012. 03. 26	3,349	21,994	17,735.36	4,258.16	
금천구	월드메르디앙벤처센터	등록	2007. 11. 29	9,647	63,439	44,414.61	19,024.4	
금천구	이앤씨드림타워7차	등록	2020. 05. 08	4,625	30,261	24,232.26	6,028.64	500

시군구	지식산업센터명	등록구분	등록일	용지면적(㎡)	건축면적(㎡)	제조면적(평)	부대면적(평)	분양가 평당가격(만 원)
금천구	코오롱테크노밸리	등록	2020. 02. 17	4,258	25,704	19,481.36	6,222.83	
금천구	한섬아파트형공장	등록	2006. 10. 17	4,959	10,529	8,473.21	2,055.79	
금천구	한신IT타워2차	등록	2006. 031. 0	4,817	30,489	25,017.79	5,471.12	330
금천구	현대지식산업센터 가산퍼블릭	승인		30,180	259,073	18,1736.3	77,337.09	1,370

구로·가산 서울디지털산업 3단지

시군구	지식산업센터명	등록구분	등록일	용지면적(㎡)	건축면적(㎡)	제조면적(평)	부대면적(평)	분양가 평당가격(만 원)
금천구	(주)동광인터내셔날	등록	2012. 02. 27	10,225	8,576	7,988.29	587.57	1,185
금천구	A1타워	등록	2021. 08. 08	4,367	35,126	26,331.74	8,794.73	850
금천구	BYC HIGHCITY	등록	2020. 06. 16	13,673	109,934	87,982.89	21,951.33	645
금천구	IT캐슬2차	등록	2008. 12. 30	2,575	18,307	14,722.48	3,584.98	515
금천구	IT프리미어타워	등록	2011. 05. 05	5,155	37,985	30,481.64	7,502.94	485
금천구	JEI PLATZ	등록	2014. 01. 06	12,987	98,282	69,211.86	29,069.64	
금천구	KCC웰츠밸리	승인		3,441	24,397	19,613.02	4,784.22	600
금천구	KM타워	승인		3,510	28,594	20,215.91	8,378.57	800
금천구	LG아파트형공장	등록	2016. 08. 22	14,946	74,986	73,254.12	1,732.02	
금천구	SK V1센터	등록	2019. 01. 15	10,084	81,960	65,761.9	16,197.82	867
금천구	SKV1 AP타워	승인		8,832	66,645	54,544.65	12,100.1	870
금천구	SK트윈테크타워	등록	2020. 08. 05	13,880	74,872	70,005.88	4,866.25	330
금천구	YS타워	승인		1,675	14,902	12,057.5	2,844.65	
금천구	ZANCA DREAM TOWER	승인		3,305	23,421	19,943.87	3,476.951	
금천구	가산W센터	등록	2019. 01. 15	6,723	54,250	43,468.62	10,781.72	750
금천구	가산YPP아르센타워	승인		4,784	41,144	33,648	7,496.02	1,075
금천구	가산동 371-36	승인		6,695	59,823	50,523.09	9,299.69	
금천구	가산동 451-1 지식산업센터	승인		10,109	91,713	74,570.18	17,142.86	
금천구	가산동 452-1 지식산업센터	승인		6,857	61,612	49,876.04	11,735.81	
금천구	가산동 459-6	승인		3,785	30,347	28,535.84	1,810.89	

금천구	가산비즈니스센터	등록	2011. 10. 17	3,372	24,462	19,681.81	4,780.44	685
금천구	고려테크온	승인		2,520	11,156	7,853.19	3,302.96	330
금천구	골드타워	승인		4,399	36,374	29,338.93	7,035.52	810
금천구	남성프라자 (에이스테크노9차)	등록	2008. 08. 29	10,272	66,898	46,831.6	20,066.33	370
금천구	뉴티캐슬	승인		7,603	48,864	39,237.19	9,627.18	422
금천구	대륭테크노타운 5차	등록	2002. 07. 08	4,939	27,037	16,753.84	10,283.08	335
금천구	대륭테크노타운 6차	등록	2003. 05. 21	8,337	47,938	28,972.51	18,965.82	300
금천구	대륭테크노타운 7차	등록	2003. 12. 04	2,691	14,545	7,862.72	6,682.19	300
금천구	대륭테크노타운12차	등록	2008. 07. 14	11,867	88,013	71,533.55	16,479.03	437
금천구	대륭테크노타운13차	등록	2008. 07. 15	3,706	24,312	20,103.04	4,209.44	460
금천구	대륭테크노타운17차	등록	2016. 02. 29	7,963	66,235	53,681.43	12,553.94	612
금천구	대륭테크노타운 18차	등록	2020. 05. 15	8,802	73,138	59,758.46	13,379.23	620
금천구	대륭테크노타운19차	등록	2018. 02. 05	10,476	79,680	65,359.07	14,321.27	640
금천구	대륭테크노타운1차	승인		6,618	28,360	21,107.99	7,252.34	320
금천구	대륭테크노타운 20차	등록	2019. 02. 14	10,619	84,335	68,113.63	16,220.9	720.5
금천구	대륭테크노타운21차	등록	2019. 05. 02	3,809	27,467	22,805.04	4,662.24	699.5
금천구	대륭테크노타운 22차	승인		3,733	27,687	24,488.99	3,197.76	
금천구	대륭테크노타운2차	등록	2020. 04. 24	4,959	27,374	26,416.1	957.51	330
금천구	대륭테크노타운3차	등록	2001. 12. 20	10,248	63,671	58,359.5	5,311.41	335
금천구	대륭테크노타운8차	등록	2020. 04. 20	11,977	74,868	65,940.46	8,927.72	340
금천구	대성 디큐브폴리스	등록	2012. 10. 25	21,982	161,699	11,4567.1	47,131.49	593
금천구	더루벤스밸리	등록	2011. 11. 01	4,298	31,327	25,297.09	6,029.94	550
금천구	더리브 스마트타워	승인		4,417	34,668	31,735.64	2,932.51	700
금천구	더스카이밸리	등록	2019. 04. 23	4,251	33,741	27,025.5	6,715.1	850
금천구	더스카이밸리 가산2차	등록	2019. 02. 21	3,869	29,972	24,039.74	5,932.24	813
금천구	디지털엠파이어	등록	2020. 08. 31	3,668	47,227	37,800.02	9,426.87	532
금천구	롯데IT캐슬	등록	2020. 07. 17	195	99,973	81,602.57	18,370.32	420
금천구	롯데센터	등록	2014. 11. 18	6,116	35,389	24,652.95	10,736.35	
금천구	모비우스타워	승인		5,322	43,400	30,541.8	12,858.1	900
금천구	백상스타타워2차	승인		3,507	22,456	18,110.33	4,345.55	490
금천구	벽산/경인디지털 밸리2차	등록	2003. 09. 17	12,027	71,661	69,128.09	2,533.35	330

금천구	벽산디지털밸리6차	등록	2009. 05. 04	8,297	59,868	48,355.43	11,512.78	455
금천구	승일벤처타워	승인		2,518	12,745	10,215.1	2,530.38	380
금천구	신한이노플렉스	등록	2010. 03. 05	2,480	17,782	14,303.78	3,478.32	635
금천구	아이에스비즈타워	등록	2021. 01. 27	3,487	28,106	24,586.41	3,519.4	760
금천구	알에스엠타워	등록	2021. 08. 08	4,877	32,547	24,536.5	8,010.68	
금천구	에스비즈니스센터	등록	2015. 07. 28	1,244	9,071	8,636.49	434.98	
금천구	에스티엑스브이타워	등록	2010. 11. 25	10,006	71,495	57,684.11	13,811.02	625
금천구	에이스 가산 포휴 (FORHU)	등록	2020. 10. 30	10,560	87,556	70,456.46	17,099.7	780
금천구	에이스가산타워	등록	2019. 02. 28	6,729	47,751	38,292.74	9,457.94	670
금천구	에이스비즈포레	등록	2019. 09. 05	3,276	25,048	20,116.46	4,931.821	800
금천구	에이스태세라타워	등록	2020. 08. 31	3,467	24,746	20,031.02	4,714.87	600
금천구	에이스테크노타워 10차	등록	2005. 11. 15	8,380	43,370	35,077.14	8,292.38	358
금천구	에이스하이엔드타워 7차(주)	등록	2015. 09. 09	3,378	24,322	19,482.29	4,839.99	585
금천구	에이스하이엔드타워 8차(주)	등록	2012. 11. 05	6,404	45,096	36,499.99	8,595.54	485
금천구	에이스하이엔드타워 10차	등록	2015. 12. 29	6,694	48,606	41,665.67	6,940.43	530
금천구	에이스하이엔드타워 3차	등록	2013. 01. 11	12,106	89,558	73,725.79	15,831.83	530
금천구	에이스하이엔드타워 5차	등록	2015. 09. 09	3,306	23,723	19,017.78	4,705.08	528.5
금천구	에이스하이엔드타워 9차	등록	2013. 01. 11	5,916	42,082	38,605.23	3,477.09	483
금천구	에이스한솔타워	등록	2020. 01. 07	6,237	51,264	38,678.38	12,585.39	630
금천구	우림라이온스밸리	승인		27,770	190,393	13,3441	56,951.78	354
금천구	우림라이온스밸리 2차	등록	2006. 08. 16	9,747	64,000	45,045.85	18,953.97	330
금천구	월드메르디앙 벤처센터2차	등록	2015. 07. 17	10,284	65,085	47,564.46	17,520.56	370
금천구	이노플렉스1차	등록	2011. 04. 20	3,306	23,499	18,967.28	4,532.13	600
금천구	이앤씨드림타워8차	등록	2020. 06. 16	3,610	23,561	19,013.72	4,547.55	455
금천구	케이원타워	등록	2021. 03. 09	3,306	25,521	20,441.8	5,079.153	830
금천구	코오롱디지털에스턴	승인		7,418	48,355	38,885.79	9,468.82	329.5
금천구	태림M타워	승인		3,306	26,955	23,139.31	38,15.29	
금천구	파트너스타워	등록	2010. 03. 10	3,495	25,824	20,801.11	5,023.11	520
금천구	하우스디 가산퍼스타	승인		3,260	26,479	18,558.43	7,920.97	920

시군구		등록 구분	등록일				
금천구	하우스디 와이즈타워	등록	2020. 11. 06	3,573	31,286	25,040.66	6,245.78	810
금천구	한국전자협동	등록	2007. 12. 06	5,620	17,527	16,316.72	1,210.64	
금천구	한라시그마밸리	등록	2010. 01. 20	10,572	74,380	59,672.61	14,707.23	
금천구	한라원앤원타워	승인		10,072	74,825	59,879.06	14,945.91	980
금천구	한화비즈메트로2차	승인		7,789	63,435	57,616.62	5,818.06	892
금천구	호서대벤처타워	등록	2020. 03. 27	7,453	54,984	44,102.37	10,881.59	

영등포 지식산업센터

시군구	지식산업센터명	등록 구분	등록일	용지면적 (㎡)	건축면적(㎡)	제조면적(평)	부대면적 (평)
영등포구	KnK디지털타워	등록	2013. 01. 09	10,210.1	69,627.96	63,537.24	6,090.72
영등포구	SK V1 center	등록	2015. 09. 21	12,811.3	99,807.63	89,978.17	9,829.46
영등포구	금강펜테리움IT타워	등록	2015. 09. 21	2,435	32,623.88	16,874.91	15,748.97
영등포구	동아프라임밸리	등록	2012. 11. 27	3,675.8	29,059.37	22,949.83	6,109.54
영등포구	메가벤처타워	등록	2006. 02. 16	2,639.4	11,513.32	6,790.18	4,723.14
영등포구	문래 SK V1	승인		7,541.5	60,447.7	47,492.23	12,955.47
영등포구	문래 SK V1	승인		7,541.5	60,447.7	47,492.23	12,955.47
영등포구	문래동에이스테크노타워	등록	2002. 07. 10	5,356.4	27,549.27	26,478.83	1,070.44
영등포구	빅토리테크노타워	등록	2013. 11. 25	765.7	3,593.04	3,143.91	449.13
영등포구	선유도 우림라이온스밸리A	등록	2013. 05. 03	2,647.4	17,997.19	15,315.9	2,681.29
영등포구	선유도 우림라이온스밸리B	등록	2012. 06. 19	3,005.6	15,526.59	14,805.55	721.032
영등포구	선유도 코오롱디지털타워	등록	2012. 05. 08	4,640	40,390.81	37,332.95	3,057.858
영등포구	선유도역 1차 아이에스비즈타워	등록	2013. 09. 04	5,483.3	40,015.84	37,787.09	2,228.75
영등포구	선유도역 2차 아이에스비즈타워	등록	2014. 12. 22	5,877.7	43,256.14	41,138.89	2,117.25
영등포구	세종앤까뮤스퀘어	승인		0	0	0	0
영등포구	센터플러스	등록	2012. 07. 16	7,531.46	49,613.74	43,849.55	5,764.19

영등포구	솔버스 비즈센터	등록	2013. 10. 17	753.4	5,604.06	4,062.46	1541.6
영등포구	양평동 이노플렉스	등록	2015. 09. 21	2,822.8	20,461.19	18,278.22	2,182.97
영등포구	에이스테크노타워	등록	1998. 02. 13	1,730.2	9,285.55	6,311.71	2,973.84
영등포구	에이스하이테크시티	등록	2007. 06. 15	29,909.2	196,644.2	14,6584.4	50,059.87
영등포구	에이스하이테크시티2	등록	2014. 12. 16	8,042	63,208.48	59,494.82	3,713.66
영등포구	에이스하이테크시티3	승인		0	0	0	0
영등포구	우리벤처타운 II	등록	2004. 03. 31	5,234.4	39,756.73	30,008.45	9,748.28
영등포구	우림e-BIZ센타 II	등록	2003. 12. 17	7,544.6	45,326.15	43,430.19	1,895.96
영등포구	월드메르디앙비즈센터	등록	2007. 04. 16	4,595.7	29,875.94	26,311.97	3,563.97
영등포구	이앤씨드림타워	등록	2006. 11. 24	7,926.2	52,292.37	36,614.93	15,677.44
영등포구	트리플렉스	등록	2018. 05. 14	2,964.2	21,683.24	18,569.65	3,113.59
영등포구	하우스디비즈	등록	2015. 09. 21	5,583.2	38,666.88	35,447.37	3,219.51

영등포구 영등포 · 당산 주요 지식산업센터 현황

지식산업센터명	등록일* ↑	용지면적(m^2)	건축면적(m^2)	용지면적(평)	건축면적(평)
트리플렉스	2018. 05. 14	2,964	21,683	898	6,571
SK V1 center	2015. 09. 21	12,811	99,808	3,882	30,245
금강펜테리움IT타워	2015. 09. 21	2,435	32,624	738	9,886
양평동 이노플렉스	2015. 09. 21	2,823	20,461	855	6,200
하우스디비즈	2015. 09. 21	5,583	38,667	1,692	11,717
선유도역 2차 아이에스비즈타워	2014. 12. 22	5,878	43,256	1,781	13,108
에이스하이테크시티2	2014. 12. 16	8,042	63,208	2,437	19,154
빅토리테크노타워	2013. 11. 25	766	3,593	232	1,089
솔버스 비즈센터	2013. 10. 17	753	5,604	228	1,698
선유도역 1차 아이에스비즈타워	2013. 09. 04	5,483	40,016	1,662	12,126
선유도 우림라이온스밸리A	2013. 05. 03	2,647	17,997	802	5,454
KnK디지털타워	2013. 01. 09	10,210	69,628	3,094	21,099
동아프라임밸리	2012. 11. 27	3,676	29,059	1,114	8,806
센터플러스	2012. 07. 16	7,531	49,614	2,282	15,034
선유도 우림라이온스밸리B	2012. 06. 19	3,006	15,527	911	4,705

선유도 코오롱디지털타워	2012. 05. 08	4,640	40,391	1,406	12,240
에이스하이테크시티	2007. 06. 15	29,909	196,644	9,063	59,589
월드메르디앙비즈센터	2007. 04. 16	4,596	29,876	1,393	9,053
이앤씨드림타워	2006. 11. 24	7,926	52,292	2,402	15,846
메가벤처타워	2006. 02. 16	2,639	11,513	800	3,489
우리벤처타운Ⅱ	2004. 03. 31	5,234	39,757	1,586	12,047
우림e-BIZ센타Ⅱ	2003. 12. 17	7,545	45,326	2,286	13,735
문래동에이스테크노타워	2002. 07. 10	5,356	27,549	1,623	8,348
에이스테크노타워	1998. 02. 13	1,730	9,286	524	2,814

성수동 지식산업센터

시군구	지식산업센터명	등록 구분	등록일	용지면적 (㎡)	건축면적 (㎡)	제조면적 (평)	부대면적 (평)
성동구	(주)삼우	등록	2004. 01. 26	745	1,436	1,197.01	238.83
성동구	CF-TOWER	승인		1,062	8,695	4,094.32	4,600.44
성동구	K-TOWER	승인		1,150		0	0
성동구	P&T Center	승인		676	3,258	2,054.29	1,203.85
성동구	R.F아파트형공장	승인		1,506	1,927	1,763.54	163.05
성동구	R2지식산업센터	승인		5,002	40,737	36,517.26	4,219.92
성동구	S-타워	승인		2,978	26,160	24,874.47	1,285.04
성동구	SH센터	승인		1,240	8,849	6,208.71	2,640.55
성동구	SK	등록	1998. 07. 24	4,672	18,609	8,993.36	9,615.16
성동구	T-tower(티 타워)	승인		10,059	47,688	46,712.02	975.61
성동구	남영아파트형공장(변경 전 : 아주)	등록	2005. 02. 03	1,518	8,440	5,398.21	3,041.44
성동구	대군인더스타운	등록	2001. 07. 19	1,010	6,406	5,254.2	1,152.17
성동구	더리브 세종타워	등록	2021. 02. 22	2,890	30,088	21,458.25	8,630.03
성동구	더스페이스 타워	승인		2,019	17,489	15,477.16	2,011.75
성동구	두앤캔하우스	등록	2002. 11. 16	822	3,769	2,566.62	1,202.29
성동구	백영성수센터	등록	2016. 02. 01	234,210	18,371	13,744.8	4,626.23
성동구	블루스톤 타워	승인		2,160	19,973	7,252.59	12,720.18
성동구	삼성문화	등록	2004. 12. 30	2,099	9,990	5,937.53	4,052.24
성동구	삼풍	등록	1992. 08. 03	2,981	10,728	7,330	3,397.98

성동구	삼환디지털벤처타워	등록	2006. 03. 14	3,497	20,172	16,103.68	4,068.37
성동구	생각공장데시앙플렉스	등록	2020. 07. 02	8,436	70,327	28,854.98	41,472.42
성동구	서울숲 ITCT	승인		2,978	14,050	11,970.73	2,079.54
성동구	서울숲 AK밸리	등록	2019. 11. 13	2,996	25,631	23,524.48	2,106.27
성동구	서울숲 L-Tower	승인		2,983	22,544	16,160.14	6,384.08
성동구	서울숲 sk v1 타워	등록	2014. 07. 21	5,181	38,496	36,167.61	2,327.99
성동구	서울숲 동진 IT타워	승인		1,679	15,244	13,875.85	1,368.39
성동구	서울숲 드림타워	승인		2,785	23,625	19,746.49	3,878.19
성동구	서울숲 드림타워(삼공)	등록	2015. 05. 14	2,785	23,625	19,746.49	3,878.193
성동구	서울숲 비즈포레	등록	2019. 02. 19	2,207	17,617	16,555.83	1,061.42
성동구	서울숲 엠타워(성수동656-334)	승인		2,983	12,555	11,244.02	1,310.71
성동구	서울숲 코리아타워	승인		1,874	16,534	5,684.29	10,849.54
성동구	서울숲 코오롱 1차	등록	2010. 07. 08	7,912	56,858	42,440.76	14,416.76
성동구	서울숲 한라시그마밸리	등록	2011. 04. 15	3,907	33,965	29,684.44	4,281.05
성동구	서울숲 한라에코밸리	등록	2012. 11. 21	2,648	20,766	18,937.25	1,828.51
성동구	서울숲IT밸리	등록	2013. 04. 05	5,581	49,158	40,667.14	8,490.8
성동구	서울숲IT캐슬	등록	2014. 06. 20	4,423	36,748	27,996.2	8,751.98
성동구	서울숲에이원센터	승인		4,086	36,501	17,180.48	19,321
성동구	서울숲에이타워	승인		4,204	34,845	30,934.76	3,910.21
성동구	서울숲코오롱디지털타워2차	등록	2010. 11. 10	4,528	27,110	12,696.22	14,414.13
성동구	서울숲코오롱디지털타워3차	등록	2011. 01. 26	3,571	25,868	23,862.1	2,005.62
성동구	서울숲한라시그마밸리II	등록	2013. 05. 22	2,622	20,885	19,744.43	1,140.84
성동구	서울제일인쇄협동조합	등록	1993. 05. 08	2,529	9,404	8,437.65	966.09
성동구	성수 AK밸리	등록	2021. 01. 18	2,504	22,220	9,236.29	12,983.85
성동구	성수 SK V1 center 1	승인		6,667	55,887	41,060.65	14,826.03
성동구	성수 SK V1 center II	승인		1,883	15,918	7,202.9	8,715.49
성동구	성수 선명스퀘어	승인		2,669	25,104	11,428.45	13,675.91
성동구	성수 에이팩센터	등록	2012. 10. 22	2,507	19,402	17,490.67	1,911.59
성동구	성수280타워	승인		5,629	22,487	20,489.09	1,997.83
성동구	성수동 아이에스 비즈타워	등록	2012. 08. 31	3,583	32,062	25,318.78	6,742.72
성동구	성수동 우림e-BIZ Center (변경 전 : 이비즈센타)	등록	2006. 12. 04	4,308	29,856	15,745.2	14,110.99
성동구	성수동1가 13-189 지식산업센터	승인		1,808	6,508	5,790.8	717.39
성동구	성수동2가 299-1	승인		906	5,708	4,712.43	995.79

성동구	성수동2가 314-2	승인		655	4,111	2,840.91	1,270.43
성동구	성수스카이타워	승인		3,509	25,291	10,792.89	14,498.07
성동구	성수에이원센터	등록	2021. 04. 22	1,699	15,276	6,258.112	9,017.478
성동구	성수역 SK V1 Tower	등록	2017. 03. 28	4,990	36,357	23,765.47	12,591.43
성동구	성수역 현대 테라스타워	등록	2019. 04. 01	4,780	45,552	43,835.73	1,715.96
성동구	센츄리프라자	등록	1999. 01. 07	1,409	8,985	7,650.88	1,334.33
성동구	신한T타워	등록	2015. 06. 29	1,283	8,062	5,700.17	2,361.47
성동구	아주디지털타워	등록	2010. 03. 16	1,856	10,677	6,388	4,288.85
성동구	아파트형공장	승인		1,347	8,707	5,402.7	3,304.08
성동구	아파트형공장	승인		1,538	10,011	6,178.02	3,832.69
성동구	아파트형공장	등록	2012. 10. 25	1,106	7,147	5,195.01	1,952.15
성동구	안일지식산업센터	승인		2,382	17,444	11,425.83	6,018.47
성동구	에이스성수타워1	등록	2014. 05. 12	1,603	13,745	11,411.54	2,333.66
성동구	에이스하이앤드 성수타워	승인		3,522	28,045	27,173.35	871.37
성동구	영동테크노타워	등록	2005. 06. 29	3,093	24,116	11,587.35	12,528.27
성동구	영창디지털타워	승인		3,337	28,723	13,893.58	14,829.36
성동구	오리엔트테크노피아	승인		2,262	14,290	6,684.48	7,605.7
성동구	우영테크노센타	등록	2002. 04. 19	2,754	17,640	9,568.55	8,071.21
성동구	원스타워관리단	등록	1995. 10. 20	1,549	9,419	8,057.95	1,361.15
성동구	유원지식산업센터	승인		1,424	5,171	3,842.01	1,328.65
성동구	이국재	승인		708	3,783	2,450.34	1,332.67
성동구	이글타운아파트형공장	등록	2004. 10. 13	1,724	8,648	4,715.74	3,932.39
성동구	이레타워	등록	2010. 09. 03	562	1,698	1,486.59	211.28
성동구	제이케이타워	등록	2019. 06. 05	1,322	9,414	3,330.72	6,083.44
성동구	지영플라자	등록	2001. 08. 29	1,256	6,350	6,243.3	107.1
성동구	케이투코라아	등록	2002. 05. 29	2,176	11,563	6,166.43	5,396.72
성동구	페코텍 글로벌허브	등록	2019. 12. 23	1,859	15,233	6,191.62	9,040.9
성동구	포휴	등록	2016. 06. 22	5,319	45,609	33,071	12,537.72
성동구	풍림테크원	등록	2005. 10. 06	1,442	8,362	4,343.8	4,018.33
성동구	하우스디 세종타워	등록	2018. 10. 19		36,252	30,130.35	6,121.37
성동구	학림비즈니스타워	승인		1,221		0	0
성동구	한신아크밸리	등록	2010. 07. 26	3,431	24,395	22,661.56	1,733.6
성동구	휴먼테코	등록	2010. 07. 28	2,640	18,783	9,342.46	9,440.25

송파구 문정동 지식산업센터

시군구	지식산업센터명	등록구분	등록일	용지면적(㎡)	건축면적(㎡)	제조면적(평)	부대면적(평)
송파구	KG TOWER	승인		1,513	14,017	14,016.61	0
송파구	PNS홈즈타워	등록	2017. 06. 08	1,332	11,298	10,042.59	1,255.86
송파구	가든파이브웍스	등록	2008. 12. 04	13,354	112,526	84,576.41	27,949.67
송파구	문정 대명벨리온	등록	2017. 03. 07	6,500	58,861	49,751.58	9,109.57
송파구	문정 에스케이브이원 지엘메트로시티	등록	2018. 01. 30	14,688	150,315	10,5581.2	44,733.37
송파구	문정 현대지식산업센터 I -1	등록	2016. 04. 15	9,045	84,383	61,739.27	22,643.54
송파구	문정 현대지식산업센터 I -2	등록	2016. 04. 15	8,620	80,629	57,103.43	23,526.03
송파구	문정역 테라타워	등록	2017. 02. 22	17,309	172,748	12,9962.7	42,784.98
송파구	문정지구 5-7BL 지식산업센터	승인		1,121	9,994	7,183.31	2,810.91
송파구	송파 테라타워2	등록	2017. 03. 07	14,921	143,730	11,6343.1	27,387
송파구	송파유탑테크밸리	등록	2016. 01. 14	1,580	14,336	10,218.67	4,117.58
송파구	수성 위너스	등록	2017. 06. 20	1,095	10,618	7,978.54	2,639.57
송파구	에이치비지니스파크	등록	2017. 06. 22	8,801	81,749	58,052.94	23,696.15
송파구	에이치비지니스파크	등록	2014. 08. 27	8,917	82,422	57,996.9	24,424.98
송파구	엠스테이트	등록	2016. 09. 02	5,078	49,172	34,430.37	14,741.99
송파구	케이디유타워	등록	2017. 02. 15	1,033	8,904	6,573.87	2,329.8
송파구	한스빌딩	등록	2017. 03. 07	1,960	17,560	12,347.42	5,212.57

동탄테크노밸리 지식산업센터

시군구	지식산업센터명	등록구분	등록일	용지면적(㎡)	건축면적(㎡)	제조면적(평)	부대면적(평)
화성시	㈜한승홀딩스	승인		22,776	26,427	18,771.98	7,655.02
화성시	FIRST KOREA	등록	2019. 05. 08	4,332	20,865	8,714.14	12,151.15
화성시	HKL타워	승인			18,804	7,604.57	11,199.55
화성시	SH SQUARE II	등록	2020. 01. 21	6,541	35,576	14,323.68	21,252.55
화성시	SH TIME SQUARE 1	등록	2018. 11. 07	6,705	43,646	17,520.64	26,125.69
화성시	YK퍼스트타워	등록	2017. 06. 15	2,665	12,840	5,136.18	7,704.31
화성시	골든아이타워	등록	2019. 03. 14	5,585	29,978	12,270.31	17,707.47
화성시	더퍼스트타워	등록	2018. 06. 28	9,659	57,692	23,095.6	34,596.66

화성시	더퍼스트타워쓰리	등록	2019. 05. 23	5,406	32,815	13,168.16	19,646.41
화성시	더퍼스트타워투	등록	2019. 12. 27	9,820	62,955	26,614.74	36,340.13
화성시	동익미라벨타워	등록	2020. 09. 02	5,996	37,259	16,556.86	20,702.16
화성시	동탄 SK V1 center	등록	2019. 02. 11	13,364	89,807	36,715.59	53,091.63
화성시	동탄 금강펜테리움 IT타워	등록	2018. 01. 10	7,550	43,447	20,881.56	22,565.12
화성시	동탄 엠타워	등록	2020. 04. 16	10,595	68,938	28,515.18	40,422.93
화성시	동탄 우미 뉴브	승인		8,512	49,808	20,502.33	29,305.24
화성시	동탄IT타워	등록	2017. 03. 20		15,356	7,724.13	7,631.83
화성시	동탄금강펜테리움 IX타워	등록	2021. 07. 21		287,024	11,7721.4	16,9303.1
화성시	동탄비즈타워	등록	2018. 03. 21	5,668	30,654	12,588.05	18,065.61
화성시	동탄센테라아이티타워2	등록	2020. 11. 12	2,784	16,363	6,632.73	9,729.79
화성시	동탄아이티밸리	등록	2018. 11. 29	3,012	14,613	6,039.63	8,573.85
화성시	동탄아이티밸리2	등록	2021. 04. 01	5,508	29,603	12,409.36	17,193.56
화성시	동탄역 메가비즈타워 A동	등록	2019. 02. 01	3,012	16,528	6,650.89	9,877.09
화성시	동탄역 메가비즈타워 B동	등록	2019. 02. 13	3,245	17,184	6,985.42	10,198.33
화성시	동탄역 메가비즈타워 C동	등록	2019. 02. 13	2,970	15,246	6,353.34	8,892.6
화성시	동탄역센테라아이티타워	등록	2019. 05. 02	2,725	14,120	5,678.04	8,442.064
화성시	동탄케이밸리	등록	2020. 09. 16	3,114	15,259	6,107.36	9,151.97
화성시	동탄코너원스마트타워	승인		4,260	24,252	10,574.56	13,677.75
화성시	루체스타비즈	등록	2019. 04. 05	5,102	31,109	12,879.22	18,229.85
화성시	반월지식산업센터	승인		7,097	48,265	16,287.7	31,977
화성시	비젠IT타워	등록	2019. 05. 02	2,980	15,285	6,275.06	9,010.22
화성시	삼성어반타워	등록	2018. 07. 27	2,838	15,240	6,212.7	9,026.86
화성시	삼성테크노타워	등록	2017. 06. 08	2,640	11,905	4,825.8	7,079.29
화성시	샹보르 ZOOM 타워	승인		5,508	29,963	11,941.45	18,021.89
화성시	서영아너시티	등록	2021. 07. 16		14,312	5,780.23	8,532
화성시	세현트윈비즈타워	승인		15,580	96,632	38,930.22	57,702.24
화성시	에이팩시티	등록	2017. 12. 11	11,098	72,073	31,907.88	40,164.95
화성시	우정스마트베이	승인		22,834	26,528	18,771.98	7,756.38
화성시	원희캐슬봉담	등록	2019. 07. 25	7,598	39,457	14,454.25	25,002.54
화성시	으뜸U-테크밸리	등록	2017. 07. 25	2,408	12,035	4,739.286	7,295.241
화성시	이든 앤 스페이스	승인		9,471	49,889	23,025.9	26,862.85
화성시	트윈비즈타워	승인		3,403	17,812	7,244.7	10,567.55

화성시	트윈비즈타워 B동	승인		3,710	19,780	8,001.98	117,77.52
화성시	현대 실리콘앨리 동탄	승인		36,340	238,483	93,591.91	14,4890.7
화성시	효성아이시티타워	등록	2020. 06. 04	3,667	19,160	7,975.11	11,185.3

성남일반산업단지 지식산업센터

시군구	지식산업센터명	등록구분	등록일	용지면적(㎡)	건축면적(㎡)	제조면적(평)	부대면적(평)
성남시 중원구	성남센트럴비즈타워2차	승인	2022. 07	13,104	95,188	41,383.61	53,804.68
성남시 중원구	성남센터엔	승인	2021. 12	10,053	70,980	29,011.5	41,968.03
성남시 중원구	자생메디바이오센터	등록	2021. 08. 13	10,001	22,677	10,777.07	11,899.44
성남시 수정구	현대지식산업센터 성남고등	등록	2021. 01. 28	7,294	49,915	42,969.31	6,946.18
성남시 수정구	반도 아이비 밸리	등록	2020. 02. 26	6,809	41,545	31,426.54	10,118.12
성남시 중원구	SK V1	등록	2019. 11. 27	18,948	140,396	58,206.86	82,189.29
성남시 중원구	성남센트럴비즈타워	등록	2019. 10. 01	891	63,472	25,628.81	37,842.97
성남시 수정구	경기 기업성장센터	등록	2019. 06. 06		70,628	59,896.62	10,731.71
성남시 수정구	LH 기업성장센터	등록	2018. 04. 16	53,144	53,144	44,402.42	8,741.13
성남시 중원구	델리스지식산업센터	등록	2015. 02. 13	2,313	9,647	8,136.61	1,510.71
성남시 중원구	드림테크노	등록	2014. 05. 16	2,555	16,452	13,179.93	3,272.44
성남시 중원구	중앙이노테크	등록	2013. 10. 14	4,860	41,259	19,813.33	21,445.32
성남시 중원구	중앙인더스피아제3공장	등록	2011. 04. 14	10,116	45,085	21,075.02	24,009.8
성남시 중원구	우림라이온스밸리2차	등록	2010. 12. 10	15,322	97,706	50,406.84	47,299.19
성남시 중원구	중일아인스프라츠2차	등록	2010. 11. 18	2,429	14,849	6,769.37	8,079.5
성남시 중원구	한라시그마밸리	등록	2010. 10. 22	8,370	58,556	25,411.96	33,144.3
성남시 중원구	스타타워	등록	2010. 09. 17	9,645	57,016	27,933.77	29,081.73
성남시 중원구	우림라이온스밸리5차	등록	2010. 08. 16	15,480	99,470	50,221.05	49,249.05
성남시 중원구	중일아인스프라츠3차	등록	2010. 04. 14	3,669	19,580	9,254.61	10,325.83
성남시 중원구	반포테크노피아	등록	2010. 02. 24	3,044	20,384	10,261.57	10,121.95
성남시 중원구	우림라이온스밸리3차	등록	2009. 12. 04	5,987	37,594	32,683.24	4,910.79
성남시 중원구	우림라이온스밸리	등록	2008. 11. 21	10,638	64,983	53,166.28	11,817.1
성남시 중원구	금강펜테리움IT타워	등록	2008. 03. 28	17,082	89,284	42,521.77	46,762.53
성남시 중원구	SK엔테크노파크	등록	2007. 02. 05	32,164	196,562	11,0952.3	85,609.82
성남시 중원구	중앙인더스피아5차	등록	2006. 10. 23	6,618	37,747	21,713.92	16,032.68

성남시 중원구	스타우드	등록	2006. 06. 04	1,752	35,425	7,879.53	27,545.82
성남시 중원구	선텍시티2차	등록	2005. 08. 30	5,954	34,286	19,811.73	14,474.11
성남시 중원구	금강하이테크밸리 2차	등록	2005. 052. 5	3,968	20,297	11,712.32	8,584.36
성남시 중원구	시콕스타워	등록	2005. 03. 01	9,417	57,752	44,038.51	13,713.34
성남시 중원구	쌍용IT트윈타워(1차)	등록	2005. 02. 28	5,182	29,285	17,959.74	11,325.58
성남시 중원구	쌍용IT트윈타워(2차)	등록	2005. 02. 28	5,191	29,579	18,601.32	10,977.43
성남시 중원구	SK아파트형공장	등록	2005. 02. 24	8,294	43,642	25,952.08	17,689.71
성남시 중원구	노벨테크노타워	등록	2005. 02. 21	661	3,362	2,141.43	1,220.44
성남시 중원구	선일테크노피아	등록	2005. 02. 21	7,448	43,406	25,952.16	17,453.85
성남시 중원구	포스테크노	등록	2005. 02. 21	11,140	58,912	35,755.62	23,155.94
성남시 중원구	이노트리	등록	2005. 02. 19	1,699	8,189	4,034.73	4,154.14
성남시 중원구	크란츠테크노	등록	2005. 02. 19	12,696	74,818	35,031.6	39,786.05
성남시 중원구	금강하이테크밸리	등록	2005. 02. 18	6,618	40,059	23,084.26	16,974.78
성남시 중원구	현대밸리	등록	2005. 02. 18	10,196	44,606	32,229.97	12,376.03
성남시 중원구	중앙인더스피아2	등록	2005. 02. 17	5,290	37,834	16,241.82	21,591.75
성남시 중원구	벽산테크노피아	등록	2005. 02. 17	5,319	29,867	18,250.59	11,616.23
성남시 중원구	선텍시티	등록	2005. 02. 17	9,400	59,245	36,062.7	23,182.74
성남시 중원구	중앙인더스피아	등록	2005. 02. 17	7,116	36,279	25,435.01	10,844.33
성남시 분당구	분당남서울첨단	등록	2002. 09. 30	9,373	8,909	8,403.87	505.44
성남시 분당구	분당테크노파크	등록	2002. 09. 27	90,805	89,838	84,618.55	5219.05
성남시 수정구	경기행복주택 복합센터 (G4-1BL)	승인		8,000	57,669	29,177.04	2,8491.47
성남시 수정구	글로벌Biz센터	승인		12,439	94,874	38,608.61	56,265.37
성남시 수정구	판교 IT 센터	승인		8,119	38,360	3,5051.1	3,308.8

안양벤처밸리 지식산업센터

시군구	지식산업센터명	등록구분	등록일	용지면적(㎡)	건축면적(㎡)	제조면적(평)	부대면적(평)
안양시 동안구	K-비즈리움	등록	2020. 09. 01		19,670	13,978.83	5,690.73
안양시 동안구	관양두산벤처다임	등록	2007. 12. 17	6,036	28,898	26,827.6	2,070.27
안양시 동안구	금강펜테리움IT타워	등록	2012. 01. 20	16,613	132,785	88,747.16	44,037.97
안양시 동안구	금정역 2차 SK V1 tower	승인	2022. 12	10,720	72,916	66,939.49	5,976.28
안양시 동안구	대륭테크노타운(15차)	등록	2010. 11. 30	101,475	101,475	83,428.31	18,046.28

안양시 동안구	대영평촌비즈밸리	승인	2022. 01	5,402	36,231	27,769.85	8,461
안양시 만안구	동영벤처스텔	등록	2002. 02. 05	1,764	7,171	3,920.24	3,250.72
안양시 만안구	동영벤처스텔5차	등록	2003. 08. 22	5,289	22,789	14,650.08	8,139.22
안양시 동안구	동일테크노타운1차	등록	1995. 09. 20	1,099	6,539	3,794	2,745
안양시 동안구	동일테크노타운2차	등록	1995. 12. 19	1,814	8,696	5,318	3,378
안양시 동안구	동일테크노타운3차	등록	1996. 09. 23	4,315	22,185	13,403	8,782
안양시 만안구	동일테크노타운5차	등록	1996. 12. 03	1,959	9,927	6,025	3,902
안양시 동안구	동일테크노타운7차	등록	1997. 09. 10	3,850	16,684	10,316	6,368
안양시 동안구	두림야스카와㈜ 안양사옥	등록	2018. 03. 22	2,834	16,950	13,019.26	3,931.2
안양시 만안구	두산 명학 이너비즈타워	등록	2021. 07. 15	6,612	45,625	34,981.87	10,642.75
안양시 동안구	두산벤처다임	등록	2006. 05. 26	22,730	114,537	99,847.91	14,689.29
안양시 동안구	디오밸리	등록	2005. 11. 02	25,525	65,560	48,441.79	17,118.28
안양시 동안구	디지털엠파이어(A동)	등록	2012. 02. 28	3,019	20,416	17,216.59	3,199.23
안양시 동안구	디지털엠파이어(B동)	등록	2012. 02. 28	3,983	25,052	19,960.92	5,091.17
안양시 만안구	명지e-스페이스	등록	2003. 12. 31	3,067	13,175	7,752.15	5,422.62
안양시 만안구	성일디지털타워	등록	2003. 05. 15	1,445	7,482	4,048.25	3,433.89
안양시 동안구	성지스타위드	등록	2010. 09. 06	8,668	52,149	48,661.75	3,487.07
안양시 동안구	스마트베이2차	등록	2019. 11. 26	1,654	8,098	5,979.66	2,118.1
안양시 동안구	신원비전타워	등록	2007. 05. 23	6,505	33,835	26,988.85	6,845.802
안양시 동안구	안양 SK V1 센터	등록	2018. 11. 12	8,717	63,764	58,781.51	4,982.29
안양시 만안구	안양 아이에스비즈타워 센트럴	승인				0	0
안양시 동안구	안양2차 SK V1 center	등록	2021. 01. 06	2,907	51,131	47,787.85	3,343.6
안양시 동안구	안양IT밸리	등록	2010. 01. 26	5,765	29,506	14,001.95	15,503.57
안양시 동안구	안양데시앙플렉스	등록	2019. 12. 10	6,715	41,036	33,769.89	7,266.32
안양시 동안구	안양메가밸리	등록	2003. 04. 02	17,694	90,164	50,651.55	39,512.03
안양시 동안구	에이스평촌타워	등록	2012. 05. 22	8,539	47,855	43,392.59	4,462.44
안양시 동안구	에이스하이테크시티 범계	등록	2021. 04. 09	7,686	54,715	44,138.62	10,576.5
안양시 동안구	에이스하이테크시티 평촌	등록	2021. 08. 11	6,538	44,274	34,147.35	10,126.39
안양시 동안구	엘에스엠트론(주)하이테크센터	등록	2013. 02. 14	8,368	42,229	21,634.01	20,594.72
안양시 동안구	오비즈타워	등록	2015. 01. 28	15,047	62,112	51,676.71	10,435.05
안양시 만안구	유천팩토피아	등록	1992. 10. 31	13,650	72,317	42,764	29,553
안양시 동안구	평촌디지털엠파이어	등록	2018. 03. 19	7,899	51,145	46,758.18	4,386.98
안양시 동안구	평촌스마트베이	등록	2014. 07. 22	7,624	46,561	35,251.74	11,309.44

안양시 동안구	평촌역 아이에스 비즈타워	등록	2018. 04. 20	8,582	57,608	44,008.31	13,599.29
안양시 동안구	평촌역 하이필드	등록	2019. 01. 11	14,674	94,082	66,849.28	27,232.22
안양시 동안구	한국프라자	등록	2004. 11. 02	946	3,993	1,917.75	2,075.2
안양시 동안구	호계 금정역 SK V1 center	등록	2020. 10. 14	8,483	55,396	51,795.04	3,601.421
안양시 동안구	호계동 1029-4 지식산업센터	승인		2,328	15,322	14,402.77	918.84

자료출처 : 한국산업단지공단(2021년 8월 말 기준) 전국지식산업센터현황

PART

3

Knowledge Industrial Center

지식산업센터
실전 투자법

01

지식산업센터만의
투자 혜택 3가지를 확인하라

사람들이 지식산업센터 투자에 관심을 갖는 가장 큰 이유가 바로 세금 혜택과 대출 때문이다. 사실 필자 역시 이 부분에 대해 아주 큰 메리트를 느낀다. 정부 규제가 심해질수록 대출의 한계 때문에 투자가 힘들어지고, 투자 목적이 아닌 경우에도 어려움을 겪게 되는데 아직 지식산업센터는 규제가 가해지지 않고 있어서 적은 자본으로도 투자를 시도해볼 수 있다. 반복해서 강조하지만 자신의 사업장을 운영해야 하는 실소유자에게도, 또 투자를 통해 안정적인 수익을 바라보는 경우에도 지식산업센터는 지금 시점에서 가장 안성맞춤인 상품이라고 할 수 있다.

그러면 세금과 대출, 그 외에 정부지원금에 대한 정보에 대해 살펴보기로 하자.

📍 세금 감면 혜택 잘 따져보기

모든 부동산은 구입 후 취득세를 내야 한다. 지식산업센터의 경우 취득 시 기본적으로 4.6%의 취득세가 발생한다. 취득세는 구입 후 60일 이내에 해당 시·군·구에 신고, 납부해야 한다. 이 기한을 넘기면 신고 및 납부 불성실 가산세를 내야 한다. 그런데 지식산업센터의 입주자는 주로 중소기업이기 때문에 정부에서는 중소기업의 활동을 돕기 위해 「지방세 특례제한법」을 적용해 세금을 감면해주고 있다. 2022년 12월 31일까지, 일정 요건을 갖춘 사업자가 최초로 지식산업센터를 분양받아 직접 사용하는 중소기업에 한해 취득세의 50%, 재산세의 37.5%가 감면된다.

이 기한은 분양권 청약 시기, 구입 시기가 아니라 등기 시점을 의미한다. 준공된 후의 매물이 아니라 분양을 받거나 분양권을 구입하여 시행사로부터 소유권을 이전받은 물건에만 혜택이 적용된다. 또 취득일로부터 1년이 경과할 때까지 해당 용도로 사용하지 않거나 취득 후 5년 이내에 매각, 증여 혹은 다른 용도로 사용할 경우 감면된 세액을 추징한다. 이때 지원시설을 임대받은 임대사업자는 해당되지 않는다. 그리고 지식산업센터는 상업용 건물이기 때문에 분양, 매매 등 취득 시 10% 부가세가 발생하므로 분양, 매매가에 이 금액이 포함되어 있는지 아닌지를 잘 살펴서 불이익을 보지 않도록 하자.

앞에서 설명한 세금 혜택에 관련해서 조금 더 구체적으로 살펴보기로 하자. 어떤 경우에 감면 혜택을 받을 수 있는지 없는지를 잘 알고 있어야 혹시 모를 실수를 줄일 수 있다. 먼저, 취득세의 발생 구조를 살펴보자.

취득세의 구조

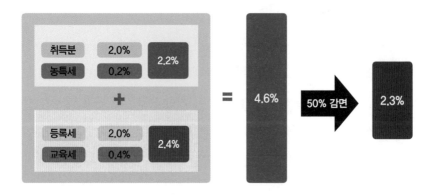

위 그림에서 보듯 총 4.6%의 취득세에서 50% 감면을 받으면 2.3%만 내면 된다. 그런데 이 감면 혜택은 지식산업센터의 두 가지 시설인 '공장'과 '지원시설' 중 공장에만 해당된다. 즉 근생과 업무 지원시설은 세금 감면 혜택이 없다. 또 직접 사용하지 않고 임대 목적으로 사용할 경우 공장이라고 해도 세금 혜택을 받을 수 없다. 취득세 4.6%를 모두 내야 함은 물론, 재산세도 그대로 부과된다.

대신 임대 목적으로 사용하지 않고 직접 개인사업자 명의로 구입하는 경우 세금 감면을 확실히 받을 수 있다. 5억 원에 분양받을 경우 1,650만 원의 취득세를 납부하면 된다. 재산세 감면도 적용되어 5년 동안 37.5%만 내면 된다. 또 대도시(수도권 과밀억제권역) 소재에 업력 5년 이상의 법인사업자가 적합한 업종으로 직접 분양받을 경우 50%를 감면받을 수 있다. 여기서 과밀억제권역은 수도권 중 인구와 산업이 지나치게 집중됐거나 집중될 우려가 있어 이전하거나 정비할 필요가 있는 지역을 말한다. 현재 서울을 포함해 수도권 내 인구가 몰린 지역은 대부분 과밀억제권역으로 분류된다.

이렇게 지식산업센터는 세금을 감면받을 수 있다는 장점이 있어서 인기가 높지만 간혹 취득세 중과 문제로 오는 분들이 있다. 정확한 정보가 없는 상태에서 분양을 받았는데 많게는 3배까지 취득세가 중과되어 폭탄을 떠안게 된 것이다. 따라서 세금과 관련해서는 미리 잘 따져보는 것이 무척 중요하다.

앞에서 말한 내용에 해당하지 않는 경우는 대부분 취득세가 중과된다고 봐야 하는데, 「지방세법」은 과밀억제권역에서 공장을 신설하거나 증설하기 위해 사업용 과세물건을 취득하는 경우 취득세를 중과하도록 규정하고 있다. 이에 따라 다음에 해당하는 경우는 모두 취득세 중과되므로 잘 알아두도록 하자.

- 수도권 과밀억제권역 소재 설립 5년 미만의 법인사업자가 산업단지 밖 지식산업센터를 취득할 경우
- 수도권 과밀억제권역 밖의 법인사업자가 과밀억제권역 내 산업단지 밖의 지식산업센터를 취득하여 이전할 경우
- 수도권 과밀억제권역 내 산업단지에서 수도권 과밀억제권역 내로 지식산업센터를 취득하여 이전할 경우

만약 대도시에서 설립 4년 미만의 법인이 중과세를 면하려면 어떻게 해야 할까? 몇 가지 방법이 있는데 먼저 산업단지 안의 부동산을 구입하

거나, 창업을 한 중소기업의 경우 지식산업센터에 입주가 가능한 업종이라면 감면 혜택을 받을 수 있다. 특히 다음 중 하나에 해당하는 기업이 창업일로부터 4년 이내에 취득하는 부동산에 대해서는 75%까지 취득세를 감면받을 수 있도록 「지방세특례제한법」으로 정해져 있다.

- 2020년 12월 31일까지 대도시(수도권 과밀억제권역) 밖에서 창업을 한 중소기업
- 2020년 12월 31일까지 벤처기업으로 창업일로부터 3년 이내에 벤처기업으로 확인받은 기업(이하 '창업벤처기업'이라 함)

이 경우 재산세는 창업일(창업벤처중소벤처기업의 경우는 확인일)로부터 3년간 면제되고 그 후 2년간은 50% 감면된다. 또 산업단지 밖 개별입지의 지식산업센터는 소프트웨어 개발업체, 전기통신사업, 법인으로 전환하는 제조업체 등이 구입할 경우 중과세 적용을 면제한다. 여기에 해당하는 법 조항은 34개나 되므로 법조문을 잘 살펴보아야 한다. 그리고 사무실이 본사가 아니라 기업의 부설 연구소이거나 부설 기관일 경우 취득세를 감면받을 수 있다. 이 경우 2021년 12월 31일까지 취득세 60% 감면, 재산세는 50% 감면된다.

법인 사업을 과밀억제권역에서 지방으로 이전할 때에도 취득세를 감면받을 수 있다. 본점 혹은 주 사무소를 이전하는 경우 2021년 12월 31일까지 취득세를 면제하고 재산세 또한 그 부동산에 대한 재산세 납세 의무가 최초로 성립하는 날부터 5년간 면제한다. 그다음 3년간 재산세의 50%를

촉진지구의 명칭 및 지정면적

구 분	촉진지구명칭	소재지	면적(㎢)
서울특별시	영등포 벤처기업육성촉진지구	영등포동, 여의도동, 문래동	2.60
	홍릉·월곡 벤처기업육성촉진지구	KIST인근(이문동, 전농동)	0.75
	성동 벤처기업육성촉진지구	성수동, 행당동, 도선동	3.00
부산광역시	대연 벤처기업육성촉진지구	대연동, 남천동, 우동	0.62
	하단 벤처기업육성촉진지구	하단동, 엄궁동	2.22
대구광역시	동대구·성서 벤처기업육성촉진지구	신천동, 범어동, 호산동, 호림동	1.29
인천광역시	주안 벤처기업육성촉진지구	주안동, 도화동	0.73
광주광역시	금남 벤처기업육성촉진지구	대인동, 수기동, 호남동	2.48
	첨단 벤처기업육성촉진지구	오룡동, 대촌동, 월출동	3.04
대전광역시	대덕 벤처기업육성촉진지구	어은동, 전민동, 신성동	26.83
울산광역시	울산 벤처기업육성촉진지구	다운동, 무거동, 우정동, 반연리, 두왕동	3.90
경 기 도	안양 벤처기업육성촉진지구	안양동, 비산동, 관양동, 평촌동, 호계동	3.29
	부천 벤처기업육성촉진지구	상동, 약대동, 삼정동, 오정동, 춘의동	1.00
	안산 벤처기업육성촉진지구	원곡동, 원시동, 초지동	2.83
	성남 벤처기업육성촉진지구	상대원동, 야탑동, 수내동, 정자동	4.47
	수원 벤처기업육성촉진지구	고색동, 서둔동, 천천동	1.20
강 원 도	춘천 벤처기업육성촉진지구	후평동, 삼천동	0.80
	원주 벤처기업육성촉진지구	태장동, 흥업면	0.34
충청북도	오창 벤처기업육성촉진지구	오창읍, 옥산면	1.34
충청남도	아산 벤처기업육성촉진지구	탕정면, 음봉면, 직산면	2.76
전라북도	전주 벤처기업육성촉진지구	팔복동, 장동	0.85
전라남도	유달 벤처기업육성촉진지구	목포시 석현동, 옥암동	2.87
경상북도	포항 벤처기업육성촉진지구	지곡동, 효자동	2.13
	구미 벤처기업육성촉진지구	공단동, 신평동	3.61
경상남도	창원 벤처기업육성촉진지구	내서읍	0.79
제 주 도	제주 벤처기업육성촉진지구	이도1동, 이도2동, 아라동	5.50
계	26개 지구		81.24

경감한다. 만약 감면 내용이 중복된다면 더 높은 쪽을 적용할 수 있다. 공장도 마찬가지다. 사무실 본점 이점뿐 아니라 공장시설이 있는 경우 대도시에서 그 외 지역이나 지방으로 이전한 후 취득하는 부동산에 대해서는 2021년 12월 31일까지 면제한다. 재산세의 경우 그 부동산에 대한 납세의무가 최초로 성립하는 날부터 5년간 면제하고 그다음 3년간 재산세의 50%를 경감한다.

마지막으로 벤처기업 인증을 받은 기업의 경우 50% 감면받을 수 있다. 지방세 감면은 일몰기한(세금을 감면해주는 기한)에 의해 재연장될 것으로 보는 게 좋다. 때문에 일몰 1년 전에 연장 법안이 처리되었는지 살펴봐야 한다.

⊙ 대출 잘 받는 요령 알아두기

지식산업센터는 일반 주택 대출에 비해 대출 비율이 훨씬 높은 편이다. 신용불량자만 아니라면 보유 물건 수와 관계없이 제1금융권을 통해 매매가의 70% 이상 대출받을 수 있고, 실소유자라면 80~90%까지 대출받을 수 있다. 담보 물건이 있다면 이때 역시 80~90%까지도 대출받을 수 있다. 이렇게 대출 혜택이 좋다 보니 현재 가지고 있는 자산 대비 물건만 잘 찾는다면 생각보다 소액으로도 투자가 가능하다. 앞에서 계속 설명했듯이 지식산업센터는 조건상 계속해서 임대가와 매매가가 상승할 가능성이 크기 때문에 노후 대비책이나 자녀 증여, 또 안전자금을 마련해두기에 적합하다.

매매를 하는 사람이 90%의 대출을 받고 매매한다면 근저당권 설정 시

채권최고액(채권자가 이자, 반환소송비 등을 고려하여 원금보다 더 높게 설정하는 금액)이 매매가를 넘을 수도 있다. 5억 원을 주고 매매했다면 대출금액은 4억 5,000만 원까지 받을 수 있다. 그러면 채권최고액은 대출을 받은 4억 5,000만 원의 120%인 5억 4,000만 원이 된다. 아파트의 경우 한때 80%까지 대출이 나왔고 지금도 경우에 따라 70~90% 정도 대출이 나오는데 이렇게 매매한 후 전세 혹은 반전세를 놓기는 힘들다. 세입자가 채권최고액으로 인해 불안감을 느끼기 때문이다. 하지만 지식산업센터는 월세로만 세를 놓기 때문에 최악의 상황에서 경매로 물건이 넘어간다 해도 경매 진행 과정 동안 보증금을 월세로 제하면 되기 때문에 문제될 일은 거의 없다고 봐야 한다.

그러면 대출 금리는 일정하게 정해져 있을까? 그렇지 않다. 직접 지식산업센터에 입주하여 사무실을 사용한다면 공적 자금 대출이 가능해 2~3%대로도 사용할 수 있다. 신용등급이 좋으면 임대사업자도 2%로 받을 수 있는데, 은행에 따라 더 받을 수도 있으므로 여러 군데 잘 알아보고 하는 것도 방법이다. 0.1%라도 줄일 수 있다면 조금 부지런하게 움직여서 금리를 낮추는 것이 낫다. 필자의 경우 최소 3군데 이상 알아보고 가장 조건이 좋은 곳을 선택한다는 것을 원칙으로 한다.

지인인 B대표는 분양을 받은 후 잔금을 치를 돈이 부족해 프리미엄을 받고 되팔았다. 잔금은 대출금액을 제외한 10~20%(최대로 받는다고 할 경우)인데, 잔금을 치르고 분양을 받아야 한다면 담보대출을 신청할 수도 있다. 중도금 융자액과 잔금까지 분양가의 70~80%를 은행에서 대출이 가능하다. 이는 완공된 지식산업센터에 해당한다는 점을 잘 알아두자.

분양받은 후 임대를 놓을 경우 이자보다 월세가 훨씬 웃돌기 때문에 이자에 대한 부분은 크게 고민할 필요가 없다. 월세 역시 장기 임대가 대부분이어서 받지 못하거나 임차인이 잠적할 가능성은 적으므로 크게 걱정하지 않아도 된다. 물론, 만에 하나 그런 경우가 있을 수 있으니 임차인을 구할 때 확인 또 확인은 필수다. 이자와 월세 차익을 대략적으로 계산해보면 다음과 같다.

- 면적 : 전용 평수 100평 / 분양 평수 200평
- 분양가 : 평당 1,000만 원
- 총 매매가 : 20억 원
- 대출금액 : 80%로 대출받을 경우 16억 원
- 대출이자 : 실사용자는 2%, 320만 원 | 임대사업자 3%, 480만 원
- 보증금과 월세 : (구로/가산디지털단지 기준) 보증금 6,000만 원 / 월세 600만 원

♀ 공적 자금 대출 혜택 누리기

해당하는 업체에 대해서는 꼭 이 부분을 권유하곤 하는데, 바로 정부지원금에 대한 내용이다. 지식산업센터를 구입해 5년 동안 직접 사용할 사업체의 경우 정부지원금 혜택을 받을 수 있는데, 시중 은행보다 저렴한 금리로 이용할 수 있다. 다음 2가지가 이에 해당한다.

- 중소기업청의 '중소벤처기업진흥공단'에서 제공하는 자금 : 기업 설립 7년 미만이면 '창업기업자금'으로, 7년 이상이면 '신성장기반자금'으로 대출을 이용할 수 있다.
- 지자체의 '신용보증재단'에서 제공하는 자금인데 소재지에 따라 '서울신용보증재단' '경기신용보증재단' '충북신용보증재단' 등 각 지자체별로 운영된다.

국가지원금 이용 사이트 리스트

기술보증기금 : www.kibo.or.kr
신용보증기금 : www.kodit.co.kr
중소벤처기업진흥공단 : www.kosmes.or.kr

공적 자금 대출은 담당 은행원의 재량에 따라 차이가 나는 편이다. 기존에 이 대출에 대한 전례가 많고 경험이 풍부하면 일이 수월하게 진행되고 대출도 빠르다. 언제나 해당 업무는 관련된 정보가 많고 경험이 풍부한 사람을 만나는 게 가장 유리하다. 때문에 발품을 좀 팔더라도 몇 군데 은행을 방문해서 노련한 은행원에게 상담을 받도록 하자. 그리고 만약 정부지원금 형태로 대출을 받을 때 금액이 커서 한도에서 벗어난다면 일반 은행 대출과 중복도 가능하니 이 점도 참고하도록 하자.

02

전문가 투자 컨설팅받기

지식산업센터를 매매하기 위해서 가장 먼저 해야 할 일은 바로 도움을 받을 사람을 찾는 일이다.

"부동산 관련된 거면 무조건 중개업자를 찾아가야 하는 거 아닌가요?" 물론 틀린 말은 아니다. 부동산중개업소를 통해 지식산업센터를 분양받으면 중개보수가 따로 나가지 않는다. 분양수수료는 중개업자와 분양대행사 직원이 나눠 갖기 때문에 고객이 돈을 더 부담할 일은 없다. 오히려 분양대행사 직원과 중개업소 모두의 도움을 받기 때문에 좀 더 안전할 수도 있다. 분양대행사가 다른 지역으로 옮겨가도 해당 지역의 중개업소가 있으니 끝까지 책임을 지기 때문이다. 물론 분양대행사 직원보다는 정보력이 떨어질 수도 있다. 지식산업센터 전문이 아니라면 말이다. 분양대행사 직원은 중개업소에서 손님을 계속 보내주리라는 기대하에 수수료를 나눔으로써 서로 상호보완하는 구조를 만드는 경우가 많다.

만약 지식산업센터를 분양받을 예정이라면 분양대행사의 영업자를 만나 도움을 받을 수 있다. 이때 한 가지 주의할 점은 이들 모두 물건을 팔기 위해 영업을 하는 사람들이므로 그들이 하는 말을 모두 믿어선 안 된다는 점이다. 입장 바꿔 생각해보면 그들이 자신의 일에 최선을 다하는 방법은 어떻게든 부동산을 판매하는 것이기 때문에 각종 달콤한 이익들을 갖다 붙여 설명할 수밖에 없다. 아파트나 다른 주택 분양도 마찬가지지만 주변에 들어설 환경에 대해 이런저런 계획들을 알려주는 경우가 많고, 미래 가치가 굉장히 높은 지식산업센터라고 소개하는 경우가 많다. 하지만 이 계획들이 모두 그대로 실행되는 경우는 거의 없다. 또 입주 시 임대시세나 수익률을 보여줄 때 세금이나 각종 시설비가 빠진 경우가 많아서 꼼꼼하게 물어보지 않으면 나중에 생각보다 많은 돈이 들어가거나, 실제로 입주했을 때 원하는 만큼의 임대료를 받지 못하는 경우도 발생한다.

그렇다고 '딱 이런 사람을 찾아가야 한다'고 말하긴 그렇지만, 몇몇 사람을 피하고 최대한 이런 사람들을 만나는 것이 좋다고 생각하는 노하우에 대해서는 간단히 소개해보려고 한다.

📍 지식산업센터 매매는 누구의 도움을 받는 게 가장 좋을까?

첫째, 지식산업센터 분양 홍보와 계약은 특별한 라이선스를 필요로 하는 일이 아니기 때문에 분양대행사 자체에서 영업팀을 꾸려 팀원들을 통해 진행하는 경우가 많다. 이런 경우 분양이 완료될 때까지만 지역에 머물기 때문에 이후 진행에 대해서 관리가 안 되는 경우도 많다.

둘째, 분양대행사 직원이 청약 시작 시 개인 자금으로 좋은 호실을 선점한 후 대기 손님들에게 되파는 소위 '찍어두기' 식으로 판매되는 일도 많아졌다. 불법은 아니기 때문에 분양대행사 직원에게 미리 의뢰를 해서 대기를 걸어두면 조금 더 유리한 호실을 선점할 수 있다.

셋째, 전문가에게 도움을 받는 방법이다. 필자처럼 노하우를 바탕으로 부동산 중에서도 특정 분야에 특화된 정보와 경험을 갖고 있는 경우가 있는데, 정보 면에서도 그렇고 마지막까지 함께 고민하고 책임져줄 수 있다는 점에서 유리하다. 베테랑 공인중개사라 하더라도 주택 전문이라면 지식산업센터를 잘 모르는 경우가 많고, 지식산업센터에 투자를 하고 싶어서 왔다고 해도 다른 부동산을 권유하는 일도 자주 벌어진다. 아는 전문가를 몰라서 부득이 부동산중개업소를 통해 지식산업센터를 분양받으려면 지식산업센터 쪽의 전문 중개업소를 찾아야 한다. 지식산업센터 전문 중개업소는 아파트 단지보다는 지식산업센터 1층이나 사무실 밀집 지역에 있다. 또 온라인을 통해서 알아보려면 지식산업센터 관련 광고를 하고, 지식산업센터 매물을 네이버 부동산 등과 같은 부동산 정보업체에 광고를 많이 올리는 중개업소를 찾으면 된다. 일반인이나 분양대행사 직원들은 매물 광고를 올릴 수 없기 때문이다.

전문가를 찾으려면 요즘은 개인으로 활동하고 있는 유튜버나 필자처럼 책을 집필한 사람들 중에서 찾아볼 수 있다. 흔히 그렇게 활동하는 사람들에 대해서는 벽을 높게 생각하고 접근조차 안 하는 사람들이 많은데 절대 그렇지 않다. 오히려 필자처럼 개별적 면담을 통해 활동하는 경우 초보자들부터 전문가들까지 두루 상대하며 처음부터 끝까지 고민을 세세하게 나누고 정보를 공유한다는 점에서 매우 도움이 된다. 포트폴리오 역시 공적으로 공개되기 때문에 믿을 수 있다. 전문가를 만나 마지막까지 가이드를 잘 받는 것도 투자를 잘하는 핵심적인 방법 중 하나다. 메일이나 쪽지 등을 통하거나 사업장의 연결이 가능한 고리를 통해 얼마든지 예약 상담이 가능하므로 주저 없이 문을 두드려보자.

마지막으로 중개보수에 대한 정보를 간단하게 설명하려고 한다. 중개보수는 보통 0.3~0.9% 이내에서 고객과 협의하도록 법령으로 정해져 있다. 상환요율 중개보수도 갑인 고객과 을인 중개업자가 협의하다 보면 중개업자들이 양보하는 경우가 많다. 그런데 분양대행 수수료는 분양가의 4% 정도다. 분양이 어려운 현장은 6~7%가 되기도 하고, 분양이 잘 될 현장은 훨씬 낮게 2%대를 주기도 한다.

03

세금
알아두기

지식산업센터를 매매하기 위해 가장 먼저 전문가를 찾아갔다면 이번에 해야 할 일은 세금 항목에 대한 정보를 알아보는 것이다. 부동산 거래에 있어 정보력은 그 어떤 것보다 중요한 힘이다.

부동산을 취득, 보유, 양도하는 전 과정에 각각의 세금 항목이 관련되기 때문에 세세하게 알고 있어야 손해를 보지 않는다. 지식산업센터는 일반 주택 세금과는 내용이 다르고 감면 혜택도 다르기 때문에 잘 알고 있어야 한다. 앞에서 세금과 관련해서 간략하게 설명했지만, 다시 한번 정리하고 넘어가도록 하겠다.

📍 취득세

지식산업센터에 대한 기본 취득세는 4.6%다. 주택이 1.1~3.5%인 데 비하면 높은 편이다. 하지만 정부에서 제시하는 「지방세특례제한법」을 통해 취득세의 50%까지 감면해준다. 단 직접 사용할 사업자만이 이 혜택을 누릴 수 있다. 이에 위법하는 행위를 할 경우 감면된 세액을 추징당할 수 있다. 취득세는 부동산을 취득한 날로부터 60일 이내에 해당 시/군/구에 신고, 납부해야 한다. 만약 이 기한을 넘기면 신고(20%) 및 납부(1일 10만 분의 25) 불성실 가산세를 부담해야 한다.

취득세의 구성(부동산 공통)

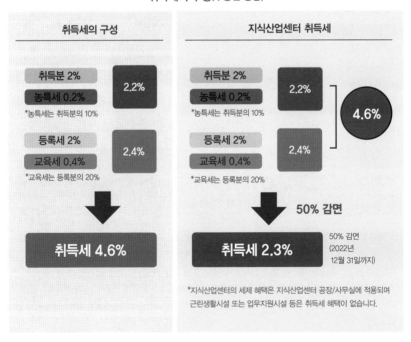

PART 3. 지식산업센터 실전 투자법 • 141

📍 재산세

지식산업센터는 주택처럼 종합부동산세는 부과되지 않지만 재산세가 발생한다. 실사용자의 경우 재산세 역시 37.5%에 해당하는 세금을 감면받게 된다. 재산세는 매년 6월 1일 현재 토지와 건물 등을 보유한 자에 대해 부과되는데, 하반기에 2번에 걸쳐 내야 한다. 고지와 관련해서는 다음 표를 참고하자.

납부기한

대상	납부기한	납부방법	소관기관
건물분 재산세· 주택분 재산세 1/2	7월 16일~7월 21일	고지납부	시청, 군청, 구청
토지분 재산세· 주택분 재산세 1/2	9월 16일~9월 30일		

* 주택분 재산세액이 10만 원 이하인 경우 7월에 전액 고지할 수 있다.

과세표준

구분*	과세대상	시가표준액**	재산세 과세표준
주택분	주택과 부속토지	주택공시가격	시가표준액×공정시장가액비율(60%)
건물분	일반건물	지방자치단체장이 결정한 가액	시가표준액×공정시장가액비율(60%)
토지분	종합합산토지 별도합산토지	개별공시지가×면적(㎡)	시가표준액×공정시장가액비율(70%)

* 주택분과 건물분 재산세는 물건별 과세, 토지분 재산세는 인별 지방자치단체별 관내 합산하여 과세
** 시가표준액: 조세부과를 목적으로 부동산의 가치를 평가한 가액으로 지방세 및 국세의 과세기준으로 사용된다.

출처: 국세청, 2020부동산과 세금

📍 재산세 + α

- 지방교육세 : 재산세 납부세액의 20%가 부과된다.
- 재산세 도시지역분 : 도시계획에 필요한 비용을 충당하기 위해 지정한 토지, 건축물에 부과하는 세금이며, 재산세 과세표준의 0.14%를 부과한다.
- 지역자원시설세 : 지역의 균형개발 및 수질개선과 수자원 보호 등에 드는 재원을 확보하거나 소방시설, 오물처리시설, 수리시설 및 그 밖의 공공시설에 필요한 비용을 충당하기 위해 부과되는 지방세를 말한다. 종전 공동시설세와 지역개발세가 통합된 것으로 소방시설, 오물처리시설, 수리시설, 그 밖의 공공시설로 인해 이익을 받는 특정 부동산 소유자가 납부하는 세금이다.

재산세/지역자원시설세 세율표

구분	과세대상	과세표준	세율	비고
재산세	주택	6,000만 원 이하	0.1%	별장 4%
		1억 5,000만 원 이하	6만 원 + 6,000만 원 초과 금액의 0.15%	
		3억 원 이하	19만 5,000원 + 1억 5,000만 원 초과 금액의 0.25%	
		3억 원 초과	57만 원 + 3억 원 초과 금액의 0.4%	
	건축물	골프장, 고급오락장	4%	과밀 억제권역 안의 공장 신·증설 (5년간 1.25%)
		주거지역 및 지정지역 내 공장용건축물	0.5%	
		기타건축물	0.25%	
	나대지 등 (종합합산 과세)	5,000만 원 이하	0.2%	
		1억 원 이하	10만 원 + 5,000만 원 초과 금액의 0.3%	
		1억 원 초과	25만 원 + 1억 원 초과 금액의 0.5%	
	사업용 토지 (별도합산 과세)	2억 원 이하	0.2%	
		10억 원 이하	40만 원 + 2억 원 초과 금액의 0.3%	
		10억 원 초과	280만 원 + 10억 원 초과 금액의 0.4%	
	기타토지 (분리과세)	전·답, 과수원, 목장 용지 및 임야	0.07%	
		골프장 및 고급 오락장용 토지	4%	
		위 이외의 토지	0.2%	
지역자원시설세	건축물	600만 원 이하	0.04%	화재위험 건축물 중 4층 이상, 10층 이하는 당해세율의 2배 중과세, 11층 이상은 3배 중과세
		1,300만 원 이하	2,400원 + 600만 원 초과 금액의 0.05%	
		2,600만 원 이하	5,900원 + 1,300만 원 초과금액의 0.06%	
		3,900만 원 이하	1만 3,700원 + 2,600만 원 초과 금액의 0.08%	
		6,400만 원 이하	2만 4,100원 + 3,900만 원 초과 금액의 0.10%	
		6,400만 원 초과	4만 9,100원 + 6,400만 원 초과 금액의 0.12%	

출처: 국세청, 2020부동산과 세금

📍 양도세

양도세 역시 지식산업센터는 다른 주택들과는 세금이 다르게 적용된다. 즉 1년 미만 보유 시에는 50%, 1년 이상~2년 미만은 40%이며, 2년 이상 보유 후 매도해야 일반세율이 적용된다.

지식산업센터 양도소득세 세율

구분		2016년 1월 1일~	2017년 1월 1일~	2018년 1월 1일~	2018년 4월 1일~
보유기간	1년 미만	50%			
	2년 미만	40%			
	2년 이상	기본세율			

소득세법 기본세율

과세표준	기본세율	누진공세
1,200만 원 이하	6%	–
1,200만 원 초과~4,600만 원 이하	15%	108만 원
4,600만 원 초과~8,800만 원 이하	24%	522만 원
8,800만 원 초과~1억 5,000만 원 이하	35%	1,490만 원
1억 5,000만 원 초과~3억 원 이하	38%	1,940만 원
3억 원 초과~5억 원 이하	40%	2,540만 원
5억 원 초과	42%	3,540만 원

출처: 국세청, 2020부동산과 세금

📍 부가가치세

지식산업센터를 임대 및 분양은 개인 또는 법인사업자만이 가능하다. 지식산업센터 한 군데가 아니라 두세 군데 매매하려고 한다면 각 건물마다 별도 사업자등록이 필요하다. 하지만 같은 건물은 하나의 사업자로도 등록이 가능하다. 사업자등록은 해당 물건 주소지가 있는 세무서에 매매계약서, 분양계약서, 등기부등본 등을 가시고 가서 등록할 수 있다.

　지식산업센터를 임대할 때는 매달 발생하는 월세에 대해 10% 부가가치세를 추가해야 한다. 아마 계약서에 '월 임대료는 ○○원으로 하며, 임대료에는 부가세가 별도임'이라는 문구를 본 적이 있을 것이다. 이 문구는 빠뜨리지 않고 넣어야 한다. 모든 법인과 직전연도 매출이 3억 원 이상인 경우 반드시 전자세금계산서를 발행해야 하며, 일반적인 지식산업센터의 임대사업자는 1년에 2번(상반기, 하반기) 부가가치세를 신고 및 납부해야 한다. 부가가치세 산출에 대해서는 다음 표를 참고하도록 하자.

부가가치세 산출 방식

부가가치세 = 매출세액 − 매입세액

구분	일반과세자 1년간 매출액 4,800만 원 이상이거나 간이과세에서 배제되는 업종·지역인 경우
매출세액	공급가액×10%
세금계산서 발급	발급의무 있음
매입세액 공제	전액 공제
의제매입세액 공제	모든 업종에 적용

출처: 국세청, 2020년 신규사업자가 알아두면 유익한 세금정보

♀ 소득세

지식산업센터를 임대한 후 발생하는 소득에 대해서는 반드시 소득세를 신고한 후 납부해야 한다. 개인, 법인사업자 모두 해당한다. 이때 전년도 수입금액이 연간 7,500만 원 미만의 부동산 임대업자는 간편장부 대상으로 간단히 국세청 홈텍스 사이트에서 신고가 가능하다. 또 부동산 임대업은 직전 과세기간 수입금액이 2,400만 원 이하인 경우에는 기준경비율(장부를 기록하지 않는 사업자의 소득금액을 추계로 결정/경정하는 경우 수입금액에서 필요경비를 공제하여 소득금액을 계산함에 있어 주요경비[매입 비용, 임차료, 인건비]는 증빙서류에 의해 인정하고 나머지 비용은 기준경비율에 의해 필요경비를 인정하는 제도)에 따라 세금계산이 가능하다.

04

자본금
준비하기

지식산업센터는 지역에 따라서 그 가격이 천차만별이기 때문에 들어가는 투자금에도 차이가 날 수밖에 없다. 보통 입지가 좋은 곳은 매매가가 비싸고 수익률도 떨어지며, 수익률이 좋은 곳은 입지가 좀 떨어진다. 투자금도 적게는 3,000만~4,000만 원부터 많게는 몇억 원에 이른다. 지식산업센터를 매입하기 전에 본인의 예산이 얼마인지, 대출이 얼마나 가능한지, 원하는 수익률이 어느 정도인지 계획을 세우고, 대출 한도액과 금리에 대해서도 잘 확인하도록 하자.

28세인 청년 M이 찾아왔다.

"저, 대표님. 제가 20대 동안 아르바이트를 열심히 해서 4,000만 원 정도를 모았는데 이걸로도 투자가 가능한가요?"

사실 이런 경우는 처음이 아니다. 경우에 따라 더 적은 금액으로도 투자가 가능한지 물어오기도 했다. 사실 2,000만~3,000만 원 정도로 어떻게 투자가 가능할까 싶어 아예 문을 두드리지 못하는 경우도 많다. 필자를 찾아온 M의 용기가 참 대견했다. M과 한참 동안 상담을 하고 이런저런 조건들을 살펴본 후 작은 평수의 입지가 좋은 곳에 분양을 받았고, 지금은 안정적으로 수익을 얻고 있다. 아마도 5년 정도 후에는 훨씬 매매가가 올라 있을 것이라고 예상된다.

M의 경우처럼 몇천만 원으로 분양받을 수 있는 것이 바로 지식산업센터다. 직접 사용하기에도 좋고 임대도 잘 되기 때문에 분양을 받아서 손해가 나는 경우가 별로 없다는 것이 매우 매력적이다. 오히려 매매가 잘 안 나오는 현상을 보게 되는데, 이는 임대가 잘 되다 보니 소유주가 팔지 않기 때문이다.

이렇게 소자본으로 분양이 가능한 이유는 일단 분양을 받을 때 10%만 있으면 되기 때문이다. 3억 원짜리를 분양받는다면 3,000만 원, 10억 원짜리를 받는다면 1억 원만 있으면 된다. 아파트와 마찬가지로 지식산업센터 역시 공사 기간이 약 2년 정도이기 때문에 입주 시까지 중도금은 무이자로 융자를 받을 수 있다. 시공사에서 해당 기업의 신용 상태에 따라 대출을 받고, 이자도 시공사에서 납부하므로 분양받은 사람이 이 부분까지 알 필요는 없다. 따라서 중도금에 대해서는 신경 쓰지 않아도 된다.

이후 분양권은 대부분 프리미엄이 붙는다. 아파트와 오피스텔은 전매가 제한되어 있지만 지식산업센터는 좀 다르다. 지식산업센터는 분양권 전매 제한이 없어 분양받은 직후에도 전매가 가능하다.

지식산업센터 분양권에 대한 프리미엄은 해당 건물 분양이 끝난 직후에 붙는데, 입주가 가까워질수록 활발하게 판매된다. 분양권을 사서 바로 입주하려는 실수요자들이 대기하고 있기 때문이다. 적은 자본으로 일단 분양을 받았는데 잔금이 마련되지 않아 부담이 있다면 프리미엄을 받고 전매를 하면 된다. 이때 프리미엄도 수익에 해당하기 때문에 세금이 붙게 된다는 점도 알아두자. 종종 다운계약서를 통해 편법으로 세금을 안 내는 경우가 있는데 위법적인 행동은 언제나 문제가 될 수 있으므로 반드시 정상 절차를 밟도록 한다. 어쨌든 지식산업센터를 분양받았다면 등기 전에 매도할 것인지 등을 신중하게 고려해야 한다.

마지막으로 부가가치세에 대해 알아두자. 별것 아닌 듯 보이지만 금액이 커지면 10%에 해당하는 이 금액이 마련되지 않아 당황할 수 있다. 지식산업센터마다 조금씩 다르긴 하지만 대부분 분양가의 20~40%가 토지가액이고 60~80%가 건물가액이다. 토지는 면세, 건물가액에 대해 10%의 부가가치세가 발생하므로 10억 원짜리 지식산업센터의 경우 건물가액은 약 7,000만 원 정도가 되므로 700만 원 내외의 부가가치세를 따로 준비해야 한다. 부가가치세는 다음 분기에 국세청에서 돌려받을 수 있다.

05

저금리로
은행 대출받기

남편이 은퇴하고 남은 생계를 계획해야 하는 50대 여성 K가 찾아왔다. 2012년 연남동에서 공인중개사 일을 시작했는데 현금 8,000만 원을 보유한 상태였다. 마포구에 방 3개짜리 다세대주택에서 네 가족이 함께 살고 있었다. 당시 매매가는 약 2억 5,000만 원이었다.

2013년도 여름에 25년 된 4층짜리 상가주택이 급매로 나왔다는 정보를 입수하고 그 주택을 사기 위해 돈을 마련하기 시작했다. 상가를 매수해 임대를 놓으면 얻을 수 있는 보증금이 약 3억 원, 현금과 집 매매가를 합치면 마련할 수 있는 돈이 3억 3,000만 원, 그리고 은행에서 대출받을 수 있는 돈이 약 7억 원 정도 되었다.

K는 이 모든 돈을 활용해 상가주택을 14억 3,000만 원에 매입했고, 모두 세를 놓고 가족들과 꼭대기 층에서 거주했다. 당시 꼭대기 층은 기존

주택보다 좁아서 가족들의 불만이 심했지만 현재 그 주택은 23억 원에 거래되기 때문에 3억 원으로 10억 원의 이익을 창출한 셈이 되었다.

여기서 그치지 않고 K는 필자를 찾아와 지식산업센터 투자에 대해 자문을 구했다. 필자는 K와 함께 대출 혜택을 잘 활용할 수 있는 방법을 고민했다. 기존의 집을 담보로 3억 원을 대출받게 된다면 은행에서 받을 수 있는 대출액을 70%까지 고려해볼 때 10억 원어치의 분양이 가능했다. 따라서 계획을 세워 2억 5,000만 원짜리 지식산업센터 4개를 구입했다. 정리하면 담보대출로 3억 원을 받았고, 은행에서 지식산업센터에 대한 저금리 대출을 이용해 7억 원을 받아 총 10억 원을 만든 것이다. 얼마 지나지 않아 11억 원으로 매매가가 상승했고, 현재는 임대를 놓아 이자를 충당하고도 약 200만 원 정도의 수익을 창출하고 있다. 현재 자신의 건물에서 나오는 임대소득 120만 원, 지식산업센터에서 나오는 수익 200만 원, 남편의 국민연금 120만 원을 모두 합쳐 월 450만 원 정도의 수익이 나는 상황이다. 이 수익을 꾸준히 저축해서 몇 년 후 완전히 은퇴하는 것이 K의 목표라고 한다.

부동산 투자에서 대출을 잘 활용하는 것은 꼼수가 아니라 지혜이다. 대출이자와 투자금의 내역을 잘 확인한다면 수익률을 높이는 일은 얼마든지 가능하다. 또 소액 투자가 가능하고 하나를 살 돈으로 K의 경우처럼 몇 개의 매물을 구입할 기회를 노려볼 수 있다. 수익률 공식은 다음과 같다.

투자수익률 = (연간 임대수익 − 연대출이자) ÷ (총투입액 − 보증금 − 대출금)

대출을 받을 경우 대출금과 대출이자를 잘 확인해봐야 하며, 연간 임대수익이 연대출이자보다 크다면 투자수익률은 더 올라가게 된다. 이 부분을 여러 차례 시뮬레이션해본 후 실수 없이 대출을 진행한다면 K의 사례처럼 적은 자본으로 노후를 준비하는 데 큰 도움이 된다.

필자는 대출을 받은 후 '원금을 바로 갚지 말아야 할 이유'에 대해 설명하곤 하는데, 돈을 쓰고 갚지 말라는 나쁜 뜻이라기보다는 몇 가지 합리적 이유가 있어서다.

첫째, 화폐 가치가 하락하기 때문에 이자에 대한 부담감이 점점 줄어들게 된다. 이자율은 그대로인데 나의 소득이 늘어난다면 화폐 가치 하락세 때문에 결과적으로 이자를 내는 게 더 이득이 되고 좀 더 수월해진다.

둘째, 대출금을 조금 더 활용해서 투자의 기회를 마련할 수 있다. 이자를 내는 대신 투자의 기회를 더 창출해서 수익률을 높이는 것이 훨씬 유리할 때가 많다. 물론 대출을 활용할 때는 반드시 부동산 상품 자체가 안전하고 확실한 상품인지 확인 또 확인해야 하며, 임대수익률이 대출이자율보다 커야만 한다는 점을 명심하자.

06

지식산업센터
실전 분양 투자

최근 몇 년 사이 분양을 통해 지식산업센터에 투자하는 사람이 많이 늘었다. 초기에 적은 자본으로 투자가 가능하다는 점, 저금리 대출이 많이 나온다는 점, 세금 혜택이 있다는 점이 크게 작용해서일 것이다. 입주 전까지 높은 프리미엄을 기대해볼 수도 있다. 단 세입자가 빨리 구해지지 않아 공실이 될 경우 이자 부담이 있으므로 주변 상황을 잘 살펴서 임대가 쉬운지 알아볼 필요가 있다. 지식산업센터를 매매하는 방법은 크게 일반 매매와 분양, 그 외에 경매와 공매로 나뉘는데 경우에 따라 분양 절차가 다르다. 이번 장에서는 일반 매매 시 절차와 주의할 점에 대해 살펴보기로 하자. 일반 매매는 이미 지어진 지식산업센터 건물 중 원하는 지역, 원하는 용도에 따라 선택한 후 매매하는 방법이다. 직접 살펴보고 원하는 조건으로 살 수 있으며, 세입자가 있는 경우 바로 월세 임대료를 받을 수 있다는 것이 장점이다. 하지만 시세가 적용되기 때문에 초기 투자금이 분양 때보다는 많이 드는 건 어쩔 수가 없다.

원칙적으로 산업단지 내 지식산업센터는 매매 직후 임대를 바로 줄 수는 없도록 되어 있다. 직접 사용하거나 일부 임대만 가능하다.

「산업집적활성화 및 공장설립에 관한 법률 시행령」 제6조(산업단지의 입주자격) 및 같은 법 제28조의5(지식산업센터의 입주)의 자격을 갖춘 자만이 산업단지에 입주하여 사업영위 가능

① 산업단지 내 용지 또는 건축물(공장)과 지식산업센터 공장의 분양/양수/경매 등과 같은 방법으로 취득해 부동산 임대사업을 할 수 없다.
② 산업단지 내 용지, 건축물, 지식산업센터 취득 또는 임차해 사용할 경우, 반드시 산업단지관리공단에 신고(입주 계약 체결) 후 사업을 영위해야 한다.

산업단지 내 입주 계약을 체결할 때는 다음의 프로세스를 따르면 된다.

산업단지 내 입주계약 신고 절차

입주계약 신청, 임대신고(기업체 → 관리공단) ⇨ 검토 후 승인 ⇨ 입주계약 체결(관리공단 → 기업체 : 처리기간 5일) ⇨ 공장건설, 기계설치(기업체 : 2개월 내) ⇨ 공장설립 등 완료신고(기업체 → 관리공단) ⇨ 현장확인/실사(관리공단) ⇨ 공장등록 및 통보(기업체 : 처리기간 3일)

지식산업센터 중 산업단지 이외의 지역에 위치한 경우 일반인들도 매매를 통해 구입한 후 바로 임대사업이 가능하다. 서울의 경우 영등포, 당산, 성수동, 문정동 일대, 경기도는 안양, 군포, 수원, 광교, 인덕원 등에 위치한 지식산업센터에 투자한다면 자유롭게 임대사업을 할 수 있다.

부동산은 얼마나 발품을 팔고 노력을 기울이느냐에 따라 좋은 매물을 얻을 수 있다. 매매를 통해 구입할 경우에는 반드시 현장에 가서 물건을 확인해봐야 한다. 그리고 수익률을 계산해보고 매매하는 것이 좋은데, 내가 얻게 될 수익을 시뮬레이션해보는 과정이 필요하다. 그래야 정확한 계산이 나오고 혹시 모를 리스크를 미리 방지할 수 있다.

좋은 매물을 고르기 위한 팁은 앞에서도 여러 차례 이야기한 바 있다. 역에서 가까운지 따져볼 것, 매매가가 낮아질 수도 있으므로 주변 지역에 분양 물량이 많은지 체크해볼 것, 가격이 합리적인지 잘 따져볼 것. 이 경우, 기존 물건보다 저렴한 곳을 선택하여 수익률, 양도차익을 높이는 것이 투자의 지혜라고 할 수 있다. 평형, 층수, 인테리어, 관리 상태 등은 당연히 살펴봐야 할 요소다. 같은 지역의 건물이라도 공실 여부는 꼭 확인해야 한다. 해당 건물뿐 아니라 다른 건물도 살펴보면서 지역의 특성을 파악하는 것도 도움이 된다. 건물 내 관리사무소에 물어봐도 알 수 있고 공인중개사를 통해서도 알 수 있다. 하지만 정확한 답을 얻기는 어려울 수 있으므로 직접 관심을 갖고 돌아보는 것도 방법이 될 수 있다.

분양 역시 일반 매매와 마찬가지로 분양을 받은 후 직접 사용하는 방법, 그리고 등기 완료 후 임대하는 경우로 나뉜다. 물론 분양권 자체에 투자하는 방법도 있다. 그러면 분양 절차를 순서대로 한번 살펴보도록 하자.

📍 1단계 : 청약받기 - 입주의향서 작성

지식산업센터의 분양권은 전매 제한이 없다는 장점이 있다. 등기 전까지 아무리 사고팔아도 양도차익에 대한 과세만 적용되기 때문에 좋은 입지의 지식산업센터 분양권에 투자해 큰 차익을 남길 수 있다. 또 지식산업센터를 분양받아 임대를 통해 수익을 얻는 투자자들이 늘고 있다. 청약을 하기 위해서는 청약하려는 지역의 지식산업센터를 포털에서 검색하면 정보를 확인할 수 있다. '영등포구 지식산업센터', '성수동 지식산업센터', '마곡동 지식산업센터' 등으로 검색어를 넣고 정보를 검색해보거나, 직접 전화를 걸어 상담받을 수 있다. 검색하거나 전화를 통해 얻은 정보에 의해 지식산업센터가 건축되는 시점을 확인한 후 분양권 신청서 혹은 입주의향서를 작성한다. 건축허가가 떨어질 때쯤 작성하면 된다.

분양을 받을 때는 수요와 공급의 원칙에 의해 잘 따져봐야 하는데, 2014년도부터 지식산업센터의 분양 승인 건이 늘어나는 추세다. 필자의 경우처럼 실제 입주해서 사용하려는 사람도 늘었고, 대출 규제가 없는 유일한 부동산이어서 투자자도 많이 늘었다.

최근에는 규모도 대형화하여 매매가와 임대료에 크게 영향을 미치는 상황이다. 앞에서도 이야기했듯 연면적은 1만 평 이상으로 클수록 여러 면에서 유리한데, 서울에는 아무래도 지을 수 있는 토지에 한계가 있다.

하지만 경기도 및 지방에는 대형화가 충분히 가능하다. 광명국제디자인클러스터(GIDC)는 연면적 8만 6,000평, 동탄X타워는 연면적 8만 7,000평, 기흥ICT밸리는 연면적 5만 9,800평 등으로 앞으로 대형화 추세는 계속될 예정이다.

여기서 한 가지 팁을 주자면, 동시에 여러 호실에 투자할 경우 할인 분양이 가능하다. 실제로 필자 역시 그런 조건을 제안받아 유리하게 활용하기도 했다. 분양대행사를 통해 분양받을 경우 영업자(혹은 영업팀)는 회사측에서 일정 수수료를 받게 되는데, 한 사람이 여러 호실을 분양받거나 여러 사람이 여러 건을 묶어 분양받을 경우 협의하에 어느 정도 할인을 받기도 한다.

지식산업센터 분양은 여러 면에서 이점이 있지만 단점도 따른다. 지식산업센터 가격이 계속 상승함에 따라 분양가가 시세보다 높게 형성되는 경우가 있는데 2~3년 후 가격이 오르지 않을 경우 마이너스 프리미엄이 될 수 있으므로 주변의 매매가와 입지, 상품 경쟁력을 잘 체크해서 합리적 분양가인지 살펴보아야 한다.

또 최근 들어 분양 매물이 많아지고 있고 그중 많은 부분이 투자 수요이기 때문에 임대를 놓지 못해 공실이 생길 위험이 있으므로 이 역시 잘 살펴봐야 할 부분 중 하나다. 임차자가 없으면 대출에 대한 이자도, 다달이 내야 하는 공용 관리비도 임대인이 오롯이 감당해야 한다. 바로 임대가 나가게 하려고 초기 인테리어 비용을 들이거나 월세를 조금 더 저렴하게 내놓기도 하는데, 그만큼 수익률이 낮아질 수밖에 없으니 처음부터 분양가를 잘 알아보고 신중하게 선택하는 게 무엇보다 중요하다.

📍 2단계 : 사업자등록하기

아무래도 지식산업센터 투자에서 가장 헷갈리면서도 중요한 부분이 이 부분이 아닐까 싶다. 이쯤에서 한 번 더 확실하게 알아두자. 지식산업센터는 준공 후에는 소유자의 업종에 대한 제한이 없지만, 분양을 받을 때에는 적합한 업종의 사업자여야만 한다. 입주 대상 업종이 아닌 '부동산 임대사업'용으로 분양을 받으면 안 된다. 이 경우 감면된 취득세를 추징당하게 된다.

따라서 사업자등록은 필수다. 먼저 입주가 가능한 업종인지 확인해야 한다. 실제로 사업을 운영하겠다는 생각을 가지고 업종을 잘 살펴본 후에 사업자등록을 해서 분양을 받는 것이다. 준공 후 투자할 예정이라면 표준 산업분류코드로 '68112'인 '비주거용 부동산 임대사업' 업종으로 변경할 수 있다. 사업자등록은 국제청 홈텍스 사이트(www.hometax.go.kr)에서 온라인으로 신청하거나 인근 세무서에서 발급 가능하고 며칠이면 충분하다. 산업단지 밖 지식산업센터의 매물을 준공 후에 매입할 때 매입자는 개인이어도 되고, 법인, 개인사업자, 연령 등 아무 상관이 없다. 그러나 임차 회사는 반드시 적합 업종이어야 한다.

단, 같은 건물이라면 여러 호실이라 하더라도 하나의 사업자등록증으로 분양이 가능하고, 다른 건물일 경우 각 건물마다 사업자등록증을 따로 받아야 한다. 산업단지 지역의 지식산업센터는 임대 목적으로 분양받는다고 해도 준공 후 바로 임대는 불가능하다. 일부 분양대행사에서는 일반 임대 목적의 투자자에게 제약사항을 정확히 고지하지 않는 경우가 있다. 입주 전에도 한국산업단지공단에서 입주 계약 및 공장등록 등의 과정을 거쳐야 하며, 실제로 점검을 나오는 곳들도 많기 때문에 주의해야 한다.

⊙ 3단계 : 계약하기 - 분양계약서 쓰기, 계약금 입금하기

청약 후 계약을 할 때는 중개업자나 상담을 맡아준 전문가의 도움을 꼭 받도록 하자. 투자가 처음이라면 특히 계약서 내의 여러 조항이 생소할 수 있으므로 각각 어떤 뜻인지 모르는 부분은 꼭 물어서 확인하는 게 좋다. 여러 번 진행해본 필자의 경우에도 매번 다시 모든 과정을 신중하게 짚어가면서 계약 사항들을 하나하나 체크한다. 소중한 나의 자산에 관련된 것인데 대충 넘어가서는 안 된다. 그리고 특이사항이 있다면 그런 부분들도 잘 챙겨서 나중에 당황스러운 일이 발생하지 않도록 잘 대비하는 편이 좋다. 예전에 계약을 도와주는데 한 호실에 여러 개의 청약이 겹친 경우를 본 적이 있다. 이런 경우 청약 호실이 많은 쪽이 우선이다. 같은 수라면 먼저 청약금을 넣은 사람이 우선이므로 이 점도 참고하도록 하자.

계약 단계에서 분양계약서를 쓰면서 동시에 계약금을 납입해야 한다. 분양가의 10%가 계약금이며, 토지에는 부가가치세가 붙지 않으나 건물에는 붙는다. 건물에 대해서는 추후 10% 그대로 환급받을 수 있다. 금액이 커질 경우 10%도 큰 금액이 될 수 있으므로 잘 알아두었다가 실수 없이 자금을 준비해야 한다.

⚲ 4단계 : 등록·취득하기

계약서를 작성했다면 등록·취득을 해야 한다. 이 과정에서 법무사의 도움을 받아야 한다. 필자의 경우 최소 3군데 정도에서 견적을 받아본다. 잘 아는 곳이 있다면 상관없지만 처음이라면 발품을 좀 팔더라도 2~3군데 정도는 견적을 받아 비교한 후 비용도 저렴하고 일 처리도 잘해줄 수 있는 곳을 선택해야 한다. 그곳이 그곳 아니냐고 이야기할 수도 있지만 필자의 경험으로 볼 때 조금 더 신경 쓰면 더 좋은 곳과 만나지기 마련이다. 일은 좋은 인연 가운데서 이루어져야 더욱 순탄하게 가는 법이다. 등록·취득은 개인사업자와 법인사업자가 각각 준비해야 할 서류가 다르므로, 사전에 잘 확인하도록 하자.

개인사업자가 준비할 서류

1. 개인인감증명서 1부
2. 개인인감도장
3. 사업자등록증 사본 1부
4. 주민등록등본 1부

---

5. 계약자 신분증

6. 계약금 무통장 입금증

7. (대리인 방문 시) 위임장 1부 및 대리인 신분증

8. 입주계약 신청서

9. 사업계획서

10. 건물등기부 등본

11. 집합건축물대장

12. 납세증명서(국세)

13. 최근3년 표준재무제표증명원(있을 경우)

14. 부가세과세 표준증명원(가장 최근 분기)

15. 종합소득세과세표준신고서(서무별지40호)

법인사업자가 준비할 서류

1. 법인등기부등본 1부

2. 사업자등록증 사본 1부

3. 법인인감도장

4. 법인인감증명(3개월 이내) 3부(대출 취급 시)

5. 대표이사 신분증 사본 1부

6. 계약금 무통장 입금증

7. (대리인 방문 시) 위임장 1부 및 대리인 신분증

8. 입주계약 신청서

9. 사업계획서

10. 건물등기부 등본

11. 집합건축물대장

12. 주주명부

13. 최근 3년 표준재무제표증명원
14. 부가세과세표준증명확인원(전년도)
15. 신용평가서 사본(있을 경우) 및 각종 인증서
16. 특허권, 실용신안, 밴처인증 등 각종 라이선스(필요시)
17. 납세증명서 3부
18. 중소기업 확인서

📍 5단계 : 중도금 납입하기

중도금은 보통 10%씩 4~5회 납부하게 된다. 즉 전체 분양가의 40~50%를 중도금으로 납부하는데, 최소 3~4개 정도의 은행에서 이자를 확인한 다음, 계약서를 작성할 때 대출 신청 서류를 한꺼번에 작성하게 된다. 지식산업센터의 중도금은 무이자 융자대출이지만 잔금을 치를 때는 이자가 적용되므로 은행을 잘 따져봐야 한다. 현재 나의 은행 이용 실적이나 신용도, 기업 신용평가 등에 따라서 유리한 은행이 다를 수 있기 때문에 잘 따져볼수록 조금이라도 이자를 아낄 수 있다.

이처럼 중도금 납입은 계약할 때 이미 대출을 확정한 은행에서, 중도금 납입 시기에 맞춰 분양받을 사람 명의로 대출이 실행된다고 보면 된다. 중도금이 납입되고 나면 계약 파기가 힘들기 때문에 이 시점에서 담당자와 최종적으로 꼼꼼하게 확인해야 한다. 간혹 중도금까지 납입했는데 계약을 파기하겠다는 경우가 있는데, 이럴 때는 법률자문을 받는 것도 좋다.

📍 6단계 : 잔금, 세금 납부하기

건물이 완공되어 사용 승인을 받으면 입주가 시작된다. 잔금도 이때 치러야 하는데 보통 50% 정도가 남아 있게 된다. 이때 은행에서 담보대출을 받아 70~80% 정도는 충당할 수 있다. 최근 지식산업센터 임대 시 90%까지 대출이 나오는 경우를 보기도 했다. 그리고 나머지 10~30%에 해당하는 돈은 준비해서 납부해야 한다. 잔금 기간은 보통 한두 달 정도다. 세입자가 미리 구해졌다면 세입자의 보증금을 잔금 납부에 보태기도 한다.

잔금을 다 치렀다면 이제 취득세를 내야 한다. 이때까지는 입주 대상 업종의 사업자이므로 취득세는 4.6%에서 50%를 감면받은 2.3%를 내게 된다.

📍 7단계 : 임대하기

임대는 투자자에게 있어 가장 중요한 부분 중 하나다. 사실 좋은 가격으로 분양받았다 하더라도 임대가 잘 되지 않으면 이자 부담으로 골머리가 아프다. 임대는 지역에 따라 차이를 보이는데, 기존에 수요가 많다면 임대에 대해 큰 부담을 가지지 않아도 된다. 하지만 종종 수요보다 공급이 많아 공실이 있는 경우가 있는데 건물 완공 2~3개월 전부터 임차인을 구하는 것도 방법이다. 분양대행사 직원이나 부동산에 의뢰하여 미리 임차인을 찾을 수 있다. 입주 시에는 물량이 많아 어쩔 수 없이 가격이 내려가므로 그 기간을 피하는 편이 좋다. 그러나 대부분 개인이 아닌 기업이 입주하는 경우가 많다. 때문에 한번 입주하면 이동하는 경우가 적어 임대료가 꾸준히 발생하므로, 장기적으로 봤을 때 이득이라고 할 수 있다.

📍 8단계 : '비주거용 임대사업'으로 사업자등록 변경하기

비주거용 임대사업은 '지식산업센터, 상가, 업무용 오피스텔'과 같이 상업용으로 이용하는 부동산을 임대하는 업종이다. 비주거용 임대사업은 주거용 임대사업과는 달리 부가가치세를 납부해야 한다. 대신 지식산업센터를 구입할 때 납부한 건물분의 부가가치세를 돌려받을 수 있다. 그리고 건물과 관련한 유지보수, 인테리어 등 공사를 할 때의 부가가치세도 돌려받을 수 있다. 토지는 면세 대상이므로 부가가치세가 없다. 비주거용 부동산으로 사업자등록을 할 때 일반과세자로 등록을 해야 건설사에 납부한 부가가치세를 돌려받을 수 있다. 실입주하면 상관없지만, 비주거용 임대사업으로 사업자등록을 변경하면 임대사업자의 취득세인 4.6%를 모두 내야한다는 점도 잊지 말자.

마지막으로 지식산업센터의 임차자는 상가와 마찬가지로 상가임대차보호법의 보호를 받는데, 알아두면 유용한 상가임대차 보호법에 대해 간략히 정리해보겠다.

「상가임대차보호법」 관련 팁

상가 세입자 보호를 위한 「상가임대차보호법」이란 세입자에게 불리한

약정을 하는 경우 그 부분은 모두 무효가 되는 강행 규정을 뜻한다. 세입자가 안정적으로 영업을 영위하고 보증금, 권리금 등의 자금 회수를 원활히 할 수 있도록 만들어진 법이다.

보통 주택 임차의 경우 분양을 받거나 세입을 한 후 입주하면 전입신고를 하게 된다. 지식산업센터의 경우 전입신고를 할 때와 마찬가지로 세무서에서 사업자등록증을 발급받음으로써 곧바로 대항력이 발생한다. 여기서 대항력이란 건물주가 바뀌더라도 임차인이 대항하고 권리를 행사할 수 있는 힘을 뜻한다. 주택이 전입신고 후 확정일자를 받으면 거주지에 대한 권리가 생기듯이 지식산업센터에 입주하여 사업자등록증을 받으면서 확정일자를 받으면 우선변제권리가 생긴다.

세입자의 권리는 채권에 불과하다. 따라서 만약 은행의 근저당권과 같은 물권보다 뒤에 있는 경우 물권이 우선되므로 세입자의 권리가 우선시될 수 없다. 이 경우, 건물주가 건물을 팔아버리면 세입자는 속수무책으로 쫓겨나야 하는 말도 안 되는 상황이 발생하기 때문에 이를 보호하기 위해 반드시 사업자등록증을 받고 확정일자를 받아야 한다. 확정일자는 채권을 물권화하는 효력이 있기 때문에 은행의 근저당권보다 우선하여 보증금을 돌려받을 수 있게 된다. 그러면 「상가임대차보호법」과 관련한 몇 가지 중요한 키워드에 대해 살펴보도록 하자.

• 우선변제권(환산보증금이 일정 금액 이하인 상가의 경우에만 적용됨)

건물주가 상가건물을 담보로 해서 돈을 빌려 쓰고 못 갚는다고 해보자. 그러면 이 상가 건물은 경매로 넘어가게 된다. 이때 중요한 것이 '우선변제권'으로 경매 등의 상황이 발생했을 때 우선변제를 받을 수 있는 권리다. 이 권리를 취득하기 위해서는 3가지 조건이 필요하다.

첫째, 환산보증금이 일정 금액 이하의 상가여야 한다.
둘째, 확정일자를 받고 대항력을 지닌 상가여야 한다.
셋째, 법원에서 배당요구를 하라고 정해진 날짜 내에 요구해야 한다.

예를 들어, 서울에 10억 원짜리 상가건물이 경매에 넘어가 8억 원에 낙찰되었다고 해보자. 현재 이 건물은 A은행에 대출금 5억 원의 근저당권이 설정되어 있고, 상가보증금 2억 원의 임차자(사업자등록을 마치고 확정일자를 받은)가 있다. 또 B은행 대출금 3억 원의 근저당권이 설정되어 있을 경우, 3가지 모두 배당요구를 할 수 있다.

그러면 우선순위는 어떻게 될까? 가장 먼저 A은행이 최우선순위로 5억 원을 받고, 그다음 임차권은 물권으로 우선변제권이 있으므로 2억 원이 모두 배당된다. 마지막 3억 원이 설정된 B은행이 3억 원 중 1억 원만 배당받을 수 있다. 만약 임차인이 확정일자를 받아두지 않았다면 물권이 아닌 채권이 되기 때문에 3번으로 순위가 밀려나게 된다. 이 경우 A은행이 5억 원, B은행이 3억 원을 가져가므로 세입자는 한 푼도 돌려받을 수 없게 된다. 때문에 사업자등록증과 함께 확정일자를 받아두는 것이 그만큼 중요하다. 단, 서울의 경우 환산보증금을 초과하는 사업자의 경우 확정일자를 받아두었다 하더라도 우선변제권에 대해서는 보호를 받을 수 없다. 그렇다면 환산보증금이란 무엇일까?

「상가임대차보호법」은 모든 상가를 보호하는 것이 아니라 일정 보증금 이하의 영세 상인들을 보호하기 위해서다. 이때 보증금은 월세를 보증금으로 환산한 금액을 모두 포함하는데, 그것을 환산보증금이라고 한다. 예를 들어, 보증금이 2억 원이고 월세가 200만 원이라면 이렇게 환산할 수 있다.

환산보증금 = 보증금(2억 원) + 월세(200만 원×100) = 2억 원 + 2억 원 = 총 4억 원

지역별로 환산보증금의 최저 기준이 다른데 이 기준에 해당하는 상가만이 우선변제권을 적용받을 수 있다.

지역에 따른 환산보증금 기준

• 서울 : 9억 원 이하
• 과밀억제권역 + 부산 : 6억 9,000만 원
• 기타 지역 : 3억 7,000만 원

그렇다면 서울에 있는 임차인의 경우 환산보증금이 9억 원을 초과하면 「상가임대차보호법」의 적용을 받을 수 없는 걸까? 이런 경우 임차인도 「상가임대차보호법」의 대항력, 계약갱신요구권, 권리금, 표준계약서 작성, 차임증감청구권에 대해서는 보호를 받을 수 있다.

임차인의 임대 기간은 1년, 2년, 5년까지 자유롭게 계약할 수 있다. 만약 임대차 기간을 안 정했거나 1년 미만으로 정했다면 이는 1년으로 본

다. 단, 임차인이 1년 미만으로 정한 경우 1년 미만을 주장할 수 있으며 임차인의 임대차 기간이 끝나가면 계약을 계속 갱신할 수 있도록 일정 기간을 보장해주고 있다.

• 최우선변제권

소액 임차인의 경우 최우선적으로 보증금 중 일부를 돌려받을 수 있는 권리를 뜻한다. 단, 보증금 전부를 돌려받지는 못하고 일부만이라도 어떤 근저당권보다 최우선해서 변제받을 수 있도록 하는 권리다. 영세한 상인들의 피해를 줄이기 위한 조치라고 할 수 있다. 최우선변제권은 서울과 지역에 따라 다르다.

최우선변제권 기준

- 서울 : 보증금 6,500만 원 이하, 보증금 중 2,200만 원까지
- 과밀억제권역 : 보증금 5,500만 원 이하, 보증금 중 1,900만 원까지
- 광역시와 경기도 일부 : 보증금 3,800만 원 이하, 보증금 중 1,300만 원까지
- 기타 지역 : 보증금 3,000만 원 이하, 보증금 1,000만 원까지

이 기준은 법률에 따라 바뀔 수 있다. 첫 번째 근저당이 설정될 때의 법률을 기준으로 판단하므로 전문가와 상담하는 게 중요하다. 소액 임차인의 최우선변제권은 확정일자 없이 대항력만 있어도 가능하다. 사업자 등록을 하며 확정일까지 받아두는 게 일반적이지만, 혹시 놓친 경우라도

영세 상인의 경우 최우선변제권이 적용된다. 단, 한 건물에 여러 명의 소액 임차인이 있을 경우 변제금액은 건물가액의 2분의 1을 넘지 못한다. 너무 많은 소액 임차인들이 모두 최우선변제를 받아갈 경우 은행권의 근저당권 권리에 끼치는 손해가 크기 때문이다.

• 계약갱신요구권

계약을 연장하겠다는 것을 구두로 진행하는 것이 계약갱신요구권이다. 계약 기간 연장에 대해 자동으로 갱신되는 묵시적 계약갱신이다. 환산보증금 액수에 상관없이 모든 세입자에게 적용된다. 일정 기간 안정되게 장사를 할 수 있도록 보장하는 법률이다. 즉 세입자가 임대차 기간이 끝나기 6개월 전부터 1개월 전까지 계약갱신을 요구하면 임대인은 정당한 사유 없이 거절할 수 없다.

2018년 10월 16일 이후 5년에서 10년으로 개정되었는데, 2018년 10월 16일 이후 계약을 체결했다면 10년까지 보장을 받을 수 있다. 단 세입자는 반드시 임대차 기간이 끝나기 1개월 전까지 계약갱신의 의사를 증거로 남겨두어야 한다. 문자 내용, 통화 녹취, 내용증명, SNS, 이메일 등이 그 증거가 될 수 있다.

예를 들어, 계약 기간이 2020년 9월 10일이면 2020년 8월 9일까지는 갱신 요구를 해야 한다. 만약 임차인이 잊어버리고 말을 안 해서 임대인이 10월 9일에 계약갱신을 거절하면 세입자는 그냥 나가야 한다. 여기서 '묵시적 갱신'이라는 부분을 헷갈릴 수 있는데, '깜빡하고 말을 안 했으니 묵시적으로 1년이 자동 연장되는 것 아닌가?'라고 생각할 수 있는데 그렇지 않다. 임대인과 임차인이 서로 말을 안 해서 묵시적으로 자동 연장이 된 경우만 해당한다. 이 경우 임차인만 말을 안 했고 임대인은 계약 해지를 통보했으므로 임차인은 나가야 한다. 따라서 임대차계약이 끝나기 6개월 전부터 1개월 전까지 반드시 임대차계약 연장에 대한 의사 표시를 해야 한다. 그러면 임대인은 전 임대차와 동일한 조건으로 다시 계약한 것으로 본다. 단, 월세와 보증금은 최대 5% 내에서 증감이 가능하다.

이때 임대인은 상가 임차인에게 동일한 조건으로 1년 더 자동 갱신을 해주지만, 임차인은 언제든지 임대인에게 계약 해지를 통보할 수 있다. "깜빡했는데, 저 계약 연장 안 할게요" 하는 건 가능하다는 뜻이다. 임대인은 통보받은 날로부터 3개월이 지나면 종료된다. 단, 이 내용은 환산보증금 이내의 상가에만 적용된다.

환산보증금을 초과하는 상가일 경우에도 묵시적 갱신은 가능하다. 「상가임대차보호법」은 특별법이기 때문에 환산보증금을 초과하는 상가는 다시 「민법」의 적용을 받는다. 「상가임대차보호법」상의 묵시적 계약갱신이 된 경우에도 최장 10년까지 계약갱신을 보장받을 수 있다.

임대인이 계약갱신을 거절할 수 있는 정당한 사유는 다음과 같다.

① 임차인이 임대료를 3기 연체한 사실이 있는 경우 : 3기는 3개월 혹은 3회 연체가 아니라 3기 차임액에 해당하는 금액의 연체를 의미한다. 예를 들어, 월세가 100만 원이라면 3기는 300만 원에 해당한다. 총 300만 원이 연체될 경우 3기 차임의 연체에 해당되는 것이 아니라, 연속이든 띄엄띄엄이든 3기 차임액에 해당하는 금액이 연체되면

3기 차임 연체가 된다. 이미 3기 연체가 발생했는데 추후 월세를 낸 다고 하더라도 갱신은 거절할 수 있다. 단, 연체를 이유로 계약 해지 는 불가하다.

최근 코로나19로 인해 특례조항이 생겼다. 2020년 9월 29일부터는 6개월간 차임 연체되어도 차임 연체액으로 보지 않는 임시 특례조 항이 시행 중이다. 따라서 '6개월+3기 연체'가 되지 않을 경우 계약 갱신은 가능하다.

② 임차인이 거짓이나 부정한 방법으로 임차한 경우

③ 쌍방 합의하에 임대인이 임차인에게 상당한 보상을 제공한 경우

④ 임차인이 임대인의 동의 없이 목적건물의 전부 또는 일부를 전대한 경우

⑤ 임차인이 임차한 건물의 전부 또는 일부를 고의 또는 중대한 과실로 파손한 경우

⑥ 임차한 건물의 전부 또는 일부가 멸실되어 임대차의 목적을 달성하 지 못할 경우

⑦ 임대인의 다음 어느 하나에 해당하는 사유로 목적건물의 전부 또는 대부분을 철거하거나 재건축하기 위하여 목적건물의 점유를 회복할 필요가 있는 경우

- 임대차계약 체결 당시 공사 시기 및 소요기간 등을 포함한 철거 또 한 재건축계획을 임차인에게 구체적으로 고지하고 그 계획에 따 르는 경우

- 건물이 노후, 훼손 또는 일부 멸실되는 등 안전사고의 우려가 있

는 경우

　• 다른 법령에 따라 철거 또는 재건축이 이루어지는 경우

⑧ 그 밖에 임차인이 임차인으로서의 의무를 현저히 위반하거나 임대
차를 존속하기 어려운 중대한 사유가 있는 경우

• 권리금 회수

현재 임차인이 새로 들어오는 새 임차인에게 노하우나 자릿세 혹은 기타
시설비로 받는 것으로 알고 있는 권리금은 2015년 「상가건물임대차보호
법」으로 개정되었다. 권리금 회수 조항은 환산보증금의 금액과 상관없이
모든 상가 임차인에게 적용된다. 즉 임차인이 기간 만료 6개월 전부터 기
간 만료 전까지 새로운 임차인을 구해서 새 임차인으로부터 권리금을 받
을 수 있다.

　이때 건물주는 권리금을 받으려는 임차인을 방해할 수 없다. 건물주가
정당한 이유 없이 권리금을 받으려는 임차인을 방해하면 임차인은 건물
주에게 손해배상청구를 할 수 있다. 예를 들어, 건물주가 새로운 임차인에
게 권리금을 직접 받으려 하거나, 새 임차인이 현 임차인에게 권리금을 지
급하지 못하도록 방해하거나, 보증금이나 임대료를 터무니없이 인상하여
새 임차인이 들어오는 것을 방해하는 등 정당한 사유 없이 새 임차인의 계
약을 거절할 경우 손해배상청구가 가능하다.

　종종 장사가 잘 되는 곳에서는 건물주가 나서서 "내가 여기서 직접 장
사를 하겠다. 내 자식에게 여기서 장사하도록 주겠다. 새 임차인은 안 구
하겠다. 내 건물에서 내가 장사하는 거니 권리금 못 준다" 등으로 무리한

요구를 하는 경우가 있다. 또 특정 업종만 계약하겠다고 하는 경우도 있는데, 일부의 경우 이 요구가 받아들여지기도 한다. 즉 합리적 사유로 건물주가 계약을 거절하는 경우 정당하게 평가되기도 한다. 예를 들어, 새 임차인의 업종이 현 임차인의 업종에서 너무 많이 벗어나거나 건물주가 정당한 사유로 권리금을 회수하는 경우다. 정당한 계약 거절 사유는 앞에서 본 계약갱신 거절 사유와 같다.

만약 현 임차인이 새 임차인과 계약을 하려는데 건물주가 계약하지 못하겠다고 해서 권리금을 못 받게 된다면 임차인은 계약 만료 후 3년 내에 건물주를 상대로 손해배상청구를 할 수 있다. 현 임차인은 건물주에게 권리금을 달라고 소송하는 게 아니라 손해에 대한 배상소송을 하는 것이다. 즉 새 임차인에게 받기로 한 권리금이 5,000만 원일 경우, 현 상권에서 형성된 임대차 종료 당시를 기준으로 권리금을 판단한다. 그리고 권리금 시세에 따라 시세액을 평가해서 좀 더 낮은 금액(예를 들어 4,000만 원)을 손해배상금액으로 설정한다.

권리금은 장사에 대한 노하우나 기술을 통해 상권을 형성한 것에 대한 보상이다. 따라서 들어갈 때는 권리금이 없었어도 나올 때는 권리금을 받도록 보호받을 수 있다. 만약 처음 계약 당시 건물주가 권리금을 인정하지 않는 조건으로 계약했다면, 강행 규정에 의해 임차인에게 불리하게 체결된 조항으로써 무효가 되므로 권리금을 받을 수 있다.

07

개인과 법인 투자의
장단점 파악해서 투자하기

"대표님, 지식산업센터 투자는 법인사업자가 유리한가요, 아니면 개인사업자가 유리한가요?"

이런 질문을 굉장히 많이 받게 되는데 얄밉게도 "각각 장단점이 있다"고밖엔 대답할 수 없다. 실제로 어느 것이 더 낫다고 꼬집어 말하기는 힘들다. 각각의 장단점에 대해 알아본 후 자신의 상황에 맞춰 선택하는 것이 좋다. 물론 법인사업자를 내는 일은 개인사업자를 내는 것보다는 까다롭기 때문에 여러 절차가 필요한 건 사실이다. 그렇게 때문에 세금이나 기타 여러 요소가 적용되기 때문에 신중하게 살펴봐야 한다.

♀ 법인사업자로 투자할 경우

법인사업자로 지식산업센터에 투자할 경우 대기업에는 혜택이 없지만 중소기업에는 몇 가지 혜택이 있다. 대표이사가 100% 주식을 소유한 중소법인인 경우 대표이사 본인이나 배우자의 명의로 사서 법인에 임대를 주는 경우도 많다. 이 경우 '임대인=임차인'으로서 안정적인 임대차 소득을 얻을 수 있으며, 임내가격을 높여 법인 돈을 개인의 소득으로 가져오기도 한다. 사업 운영을 하다 생길 수 있는 리스크를 부동산으로 안전장치를 마련해둘 수 있다는 장점이 있다. 따라서 구입자가 법인의 대표라면 법인의 이름으로 살 것인지, 개인의 이름으로 사서 법인에게 임대할 것인지 고민해볼 가치는 있다.

또 법인이 지식산업센터를 팔 때는 양도소득세가 아니라 법인세를 납부한다. 적용받는 소득세율과 법인세율은 개인의 경우 6~38%의 누진세율이 적용되지만 법인의 경우 10~22%의 누진세율이 적용되기 때문에 세율 측면에서 보면 법인사업자가 더 유리하다. 법인세는 각 사업 연도 소득 금액에서 이월결손금과 비과세 소득, 소득공제를 제한 금액이 과세표준이다. 이러한 이점 때문에 1인 법인이나 가족법인을 설립하여 지식산업센터를 분양받기도 한다. 법인을 설립해 사면 비용 처리도 할 수 있고, 가격이 올랐을 때 양도소득세보다 적은 법인세로 세금을 낼 수 있다는 장점도 있다. 단, 업력이 5년 미만인 법인사업자의 경우 과밀억제권역의 산업단지 밖의 부동산을 구입할 때는 취득세가 중과된다는 점도 유의해야 한다.

하지만 법인사업자는 법인 자금을 함부로 사용할 수 없다. 낮은 누진세율을 적용해서 법인세를 적게 냈다고 하더라도 이후 법인으로부터 급여·퇴직소득·배당소득 등의 명목으로 이익금을 대표이사나 주주에게 주는 경우 다시 개인소득세를 부담해야 한다. 법인으로부터 자금을 가져오는 경우 발생하는 세금(소득세)과 법인세를 모두 차감한 세후 순이익을 잘 추산하여 법인사업자나 개인사업자 중 어느 쪽이 유리한지 판단한 다음 결정해야 한다.

📍 개인사업자로 투자할 경우

무엇보다 개인사업자는 종합소득세를 납부한 후에는 마음대로 자금을 사용할 수 있기 때문에 자금 운용 면에서 자유롭다는 것이 가장 큰 장점이다. 그러나 최근 고소득 개인사업자의 경우 장부의 정확성을 세무대리인에게 확인받은 후 신고하도록 하는 성실신고확인제가 시행되고 있는데 까다로운 검증 절차를 거쳐 종합소득세를 신고해야 한다. 반면 법인의 경우 부동산임대업, 서비스업 등은 2020년 이후부터 과세연도 수입금액 5억 원 이상이면 성실확인신고 대상에서 제외되기 때문에 법인으로 전환하기도 한다.

사업자등록을 하고 사업소득이 단 1,000원이라도 발생하면 피부양자 자격을 상실하게 되고, 지역가입자로 전환되어 보험료를 부담하게 된다. 다른 소득이 없다면 지식산업센터를 분양받아 분양권 상태일 때는 피부양자 자격을 유지할 수 있지만, 건물이 완공되어 소유권 보존 등기 후 임대료 소득이 발생하면 피부양자에서 지역가입자로 전환된다. 2020년 4월 기준 다른 자산이나 소득 없이 지식산업센터에서 연간 2,400만 원의 임대 소득이 발생했다면 건강보험료로 18만 6,930원이 부과된다. 따라서 법인 사업자로 투자할 것인지 개인사업자로 투자할 것인지 여부는 세금뿐 아니라 기타 여러 부분까지도 종합적으로 고려한 후 신중하게 결정해야 한다.

Q 1. 지식산업센터에 한 번이 아니라 여러 차례 투자가 가능한가요? 만약 가 능하다면 어떤 방법으로 할 수 있나요. 한정된 자본으로 투자하려면 아 무래도 노하우가 있어야 할 텐데요….

A. 지식산업센터는 대출의 규제가 적어 적은 자본으로도 투자할 수 있다는 장점이 있습니다. 자금을 확보할 수만 있다면 한 군데보다는 여러 군데 투자하는 게 확실한 투자가 될 수 있겠죠. 간단히 말씀드리면 불가능한 일은 아닙니다. 최대한 종잣돈을 모으는 동시에 대출을 이용하면 가능합 니다. 필자의 경우 가산디지털단지에 분양받은 지식산업센터가 3년 후 가 치가 상승하면서 다른 지역의 지식산업센터를 분양받을 때 대출의 폭이 커져 유리했습니다. 즉 투자 후 3년 동안 다음 투자를 위한 자금을 마련하 면서 먼저 투자한 지식산업센터의 가치 상승폭을 이용한 대출을 활용하 면 재투자가 가능할 수 있다는 뜻입니다.

Q 2. 지식산업센터 근린시설에 투자할 경우 가장 고려해야 할 사항이 무엇인 가요?

A. 주변 상권을 확인하는 게 중요합니다. 지식산업센터가 밀집된 경우 유동 인구가 많은 편이지만, 그렇지 않은 경우도 종종 있습니다. 신설일 경우 주변이 채워질 때까지는 일정 시간이 필요합니다. 또 유동인구와 관계없

이 상가의 업종에 따라 직장인의 출퇴근 시간에 영향을 많이 받기 때문에 이 점을 잘 살펴보아야 합니다.

Q 3. 넓은 사무실을 분양받아 나누어서 임대를 놓고 나머지를 사용하는 것도 가능할까요?

A. 얼마든지 가능합니다. 단, 함께 사용하게 될 회사가 우리 회사의 업무가 충돌하지 않고 현재 시세를 고려하여 적합한 임대료가 얼마가 되어야 할지 잘 살펴본 후에 신중하게 진행해야 추후 여러 문제 거리를 예방할 수 있습니다. 필자의 경우, 임대료를 통해 은행 이자를 충당하고 관리비까지 커버할 수 있어서 사업을 하는 데 큰 장점으로 작용했습니다.

Q 4. 입주의향서를 제출한 후에 취소할 수도 있나요?

A. 있습니다. 생각보다 이 질문들을 많이 하시는데요. 사업을 하다 보면 몇 달 사이에도 계획이 바뀌기 마련입니다. 입주의향서는 법적 효력을 갖는 것은 아니기 때문에 중간에 취소가 가능합니다.

Q 5. 대출 연장이 3년 주기로 이루어지는데 그 사이 퇴직을 하거나 소득이 줄어 들어도 연장이 가능한가요?

A. 신용에 특별한 문제만 생기지 않는다면 가능합니다. 필자의 경우 은행이나 법무사 등을 이용할 때는 항상 2~3군데 이상 견적을 보는 편입니다. 대출은 퇴직하거나 소득이 줄어들어도 지식산업센터를 담보로 해서 연장이 가능합니다. 따라서 이때는 그 은행에 그대로 연장하는 것보다 좀 더 금리가 나은 곳은 없는지 한 번 더 알아본 후에 신중히 결정하기를 추천

합니다. 조금이라도 나은 조건이라면 갈아타는 것이 아무래도 유리할 테니까요.

Q 6. 지식산업센터에 있는 기숙사는 아무나 들어갈 수 있나요? 그리고 전입 신고가 안 된다고 들었는데 사실인가요? 전세로 들어가도 안전한 건지….

A. 기숙사에는 입주한 회사의 직원이 들어갈 수 있도록 되어 있습니다. 그러나 주택이 아니기 때문에 전입신고가 어렵고, 확정일자를 받기 어렵기 때문에 전세로 들어갈 경우 위험 부담이 있습니다. 전세보다는 월세로 들어가는 게 안전하며, 확정일자가 꼭 필요한 경우에는 입주를 추천하지 않습니다. 간혹 이 기숙사를 오피스텔처럼 속여 분양하거나 임대를 놓기도 하는데 모두 합법적인 내용은 아니므로 주의해야 합니다.

Q 7. 분양을 받고 입주 시기에 입주하지 못하는 상황이 되면 어떻게 해야 하나요?

A. 전매, 즉 되팔거나 감면받은 취·등록세를 내고 임대를 놓는 방법 두 가지가 있습니다. 전매를 하지 못하면 전액 무이자였던 중도금 이자를 모두 물어줘야 하므로, 가능한 매수자를 구하거나 등록을 한 후 임대하는 방법으로 대처해야 합니다. 따라서 입주 시기 등을 고려하여 사업 운영 상태를 잘 체크하기를 추천합니다.

PART

4

Knowledge Industrial Center

돈이 돈을 굴리는
지식산업센터
운영 노하우

01

지식산업센터 투자 리스크와 가치 판단

지식산업센터는 원래 '아파트형 공장'이라고 불리던 것으로 우리나라에서는 1989년 인천시에 처음으로 세워졌다. 처음 아파트형 공장에 입주하던 기업은 주로 제조업 기반의 산업이었다. 그러나 2010년 12월부터 「산지관리법」에 의해 지식산업, IT, BT, 디자인, 설계 등의 첨단지식기반산업체들이 많이 입주하면서 '지식산업센터'로 명칭이 바뀌게 되었다. 현재 지식산업센터가 가장 많이 분포된 곳은 서울시 금천구와 구로구로 약 1만 5,000여 개의 기업이 입주해 있다.

지식산업센터는 여러 호실로 나뉜 건물 전체를 뜻한다. 6개부터 수백 개까지 지역마다 혹은 건물마다 그 수가 천차만별인데, 한 건물 내에서는 건축물 용도상 '공장'과 '지원시설'로 나뉜다.

공장에는 기업들이 입주하고 지원시설에는 편의점이나 식당, 카페, 미용실 등 말 그대로 지원시설이 입주할 수 있다. 지원시설은 건축 연면적의 30% 이내로 지을 수 있는데, 수도권 외 산업단지 밖에서는 50% 이내로 제한하고 있다. 또 상점의 경우에는 20% 이내로 제한한다. 지식산업센터에는 어린이집과 기숙사를 설치할 수 있는데, 외부의 사람이 아닌 지식산업센터 건물에 입주해 있는 기업의 종업원 복지증진용으로 제공한다.

「산업집적활성화 및 공장설립에 관한 법률」에 따른 지식산업센터의 정의는 '동일 건축물에 제조업, 지식산업 및 정보통신산업, 벤처기업을 영위하는 자와 지원시설이 복합적으로 입주할 수 있는 지상 3층 이상 6개 이상의 사업장이 입주할 수 있는 집합건축물'이다. 즉 건물 전체를 한 개의 등기로 소유할 수 없고, 하나의 건물 안에는 6개 이상의 등기가 있어야 한다. 또 지식산업센터로 인정받으려면 지상층 바닥 면적의 합이 건축 면적의 3배 이상이 되어야 한다. 지식산업센터는 대부분 규모가 크고 100개 이상의 호실을 가지고 있다. 땅을 효율적으로 사용하기 위해 하나의 건물에 많은 호실을 두기 때문에 500~1,000평 이상이어야만 신축할 수 있다.

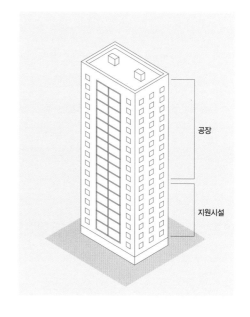

공장

지원시설

지식산업센터는 과거 '아파트형 공장'이라는 이름처럼 한정된 토지를 효율적으로 이용하기 위해 공장용지가 부족한 홍콩, 싱가포르 등의 나라에서 먼저 생겨났다. 말은 '공장'이지만 실제로 형태는 빌딩 안에 여러 기업이 입주해 있는 (주거형 아파트와 같은) 21세기형 공장이라고 볼 수 있다. 지식산업센터로 이름이 바뀐 후 공장이 아니라 사무실로 사용하고 있는데, 제조업체보다는 IT 업체, 소프트웨어 개발업체, 디자인 회사, 최근에는 다양한 콘텐츠 제작사, 출판사, 교육회사 등이 입주해 있다.

법적으로 지식산업센터에 들어갈 수 있는 시설은 다음과 같다. 주로 실제 제품을 생산할 수 있는 공장이나 사업 또는 스타트업 회사들의 사무실, 제품이나 서비스를 연구하는 연구실 등이 해당된다.

- 제조업, 지식기반산업, 정보통신산업, 그 밖에 특정 산업의 집단화와 지역경제의 발전을 위해 산업단지 관리기관 또는 시장, 군수, 구청장이 인정하는 사업을 운영하기 위한 시설
- 벤처기업을 운영하기 위한 시설
- 그밖에 입주업체의 생산활동을 지원하기 위한 시설로써 금융, 보험시설, 기숙사, 근린생활시설 등의 시설

♀ 지식산업센터 투자의 확실한 메리트

부동산에는 수익형 부동산과 업무용 부동산이 있는데, 지식산업센터는 수

익형이자 업무용 부동산이다. 주택은 대출 규제가 심하기 때문에 목돈이 없는 경우 투자 자체가 힘들다. 은퇴 후 안정적 생활을 위해 투자하는 경우 매달 적절한 수입이 필요하므로 목돈이 적게 들면서 안정적으로 수익을 낼 수 있는 투자처가 필요한데, 그러려면 수익형 부동산이 적합하다. 또 업무용 부동산은 대출 규제가 적기 때문에 불경기에는 주택보다 투자에 훨씬 유리하다. 불경기에도 침체가 적은 편이고, 수익형 부동산과 업무용 부동산의 장점을 모두 갖고 있는 지식산업센터는 투자 메리트가 충분하다.

지식산업센터는 서울의 경우 전체 362개 중 성동구와 금천구, 구로구에 가장 많이 집중되어 있으며 이 3개 구에 270여 개 이상 자리하고 있다. 그러나 그 외 지역(동대문구, 동작구, 서초구 등)에는 하나도 없다. 수요에 비해 공급이 제한적이다 보니 매매가는 계속 상승하는 추세다.

은퇴 후 수익형 부동산이 좋은 이유는 안정적이기 때문이다. 실제로 선진국에서는 수익형 부동산에 매우 관심이 많다. 5억 원이 10억 원이 되는 드라마틱한 투자 효과를 기대하긴 힘들지만 수익형 부동산은 매월 꼬박꼬박 통장에 돈이 들어오기 때문에 노후 자금으로는 훨씬 안정적이다. 또 사업을 하는 사람들은 자금 운용을 위해 개인 자산까지 사업에 모두 쏟아붓는 리스크를 최소화할 수 있다. 투자 상품으로써 지식산업센터의 장점을 좀 더 간단히 정리하면 다음과 같다.

첫째, 세제 혜택을 받을 수 있다. 지식산업센터는 등록세, 취득세, 재산세를 모두 감면받을 수 있다.

둘째, 장기, 저리 대출 혜택을 받을 수 있으며 최대 80%까지 가능하다.

셋째, 20% 자본 차익실현이 가능하다. 최근 4~5년 동안 꾸준한 상승세를 보이고 있다.

투자자 입장에서는 공실의 위험 부담이 클 수 있다. 특히 요즘 상가와 사무실의 공실률이 증가하고 있어서 더욱 고민이 많다. 하지만 지식산업센터는 역세권에 위치한 곳이 많고 위의 장점들을 잘 체크하여 원하는 지역으로 매수할 수 있다는 점에서 매우 유리하다.

♥ 지식산업센터 투자에 필요한 최소 자본금은 얼마일까

지식산업센터의 가격도 마찬가지로 수요와 공급에 따라 가격이 형성된다. 어느 부동산이나 마찬가지겠지만 성수동, 구로, 가산디지털단지처럼 수요는 많은데 공급이 적은 지역은 가격이 높고, 그렇지 않은 지역은 상대적으로 가격이 낮은 편이다. 지가 변동도 영향을 미친다. 2017~2018년도에는 주변 아파트 가격 및 지가 상승으로 인해 서울 지역 대부분의 지식산업센터 가격이 한꺼번에 오른 적도 있다. 또한 투자 수요가 증가하면 분양가가 올라간다. 지식산업센터가 80% 이상의 은행 대출이 가능한 유일한 투자 상품이라는 사실이 알려지면서 정보를 입수한 사람들 간의 경쟁이 높아지기 시작했다. 이처럼 수요가 높아지면 자연스럽게 가격 또한 높아진다.

투자 자본은 투자할 대상의 가격이 높아지면 비례하여 높아지는데, 지식산업센터의 가격을 형성하는 데에는 몇 가지 요소가 영향을 미친다. 예를 들어, 지하철과 가까운 역세권일수록 가격이 높게 형성된다. 같은 지역 내에서도 역과의 거리에 따라 2배 이상 차이가 나기도 한다. 또 새로 지어지는 지식산업센터들은 대부분 연면적이 매우 넓다. 연면적이 넓을수록 지원시설인 각종 편의시설들을 크게 설치할 수 있어 쾌적하고 편안한 환경이 조성된다. 이러한 지원시설이 많을수록 가격 역시 올라가기 때문에 연면적이 넓은 것은 가격 형성에 유리하다. 반면 전용률이 낮을수록 가격이 높아진다. 전용률이란 계약면적 대비 실제 사용할 수 있는 전용면적이 차지하는 비율을 말한다. 이전에 지었던 지식산업센터들이 55%~65%까지 전용률이 나왔다면 최근에 지어지는 것들은 45~55% 정도로 낮아졌다. 전용률이 낮을수록 신축이기 때문에 매매가도 높게 형성된다.

지식산업센터의 투자 대비 수익률

지식산업센터의 수익률은 주택이나 아파트, 오피스텔이나 상가 등과 비교하면 높은 편이다. 대출 없이 일반 매매를 하는 경우 4~7% 정도 수익률이 나오며, 대출을 많이 받거나 경매로 시세보다 낮게 낙찰을 받게 된다면 투자 대비 50%까지 나오는 경우도 있다.

종종 필자에게 실제 투자를 했을 때 어느 정도 수익이 나는지 시뮬레이션을 해달라고 요청을 해오는 경우가 있다. 투자는 개인사업자와 법인사업자로 나뉠 수 있는데, 간단히 비교하면 다음과 같다.

개인사업자 vs 법인사업자, 실제 투자 시 수익률 비교

개인사업자			법인사업자		
항목	내용	비고	항목	내용	비고
분양 평수	50평	1,000만 원/평	분양 평수	50평	1,000만 원/평
분양가(VAT/개월) (A)	5억 원		분양가(VAT/개월) (A)	5억 원	
세금 및 수수료 등 (B)	2,500만 원	분양가 5%	세금 및 수수료 등 (B)	2,500만 원	분양가 5%
총금액(C)	5억 2,500만 원	A + B	총금액(C)	5억 2,500만 원	A + B
대출금액(D)	4억 원	분양가 80%	대출금액(D)	4억 원	분양가 80%
임대 보증금(F)	2,000만 원	40만 원/평	임대 보증금(F)	2,000만 원	40만 원/평
실투자금액(G)	1억 500만 원	A＋B－D－F	실투자금액(G)	1억 500만 원	A＋B－D－F
수입 / 월 임대료 (H)	200만 원	4만 원/평	수입 / 월 임대료 (H)	200만 원	4만 원/평
수입 / 연 임대료 (I)	2,400만 원	월 임대료× 12개월	수입 / 연 임대료 (I)	2,400만 원	월 임대료× 12개월
지출 / 월 대출이자 (J)	100만 원		지출 / 월 대출이자 (J)	100만 원	
지출 / 연 대출이자 (K)	1,200만 원	대출금리 3.0%	지출 / 연 대출이자 (K)	1,200만 원	대출금리 3.0%
연 수입금액(L)	600만 원	I－K	연 수입금액(L)	600만 원	I－K
연수익률	5.45%	L/G	연수익률	5.45%	L/G

*자기자금 20%, 은행대출 80%, 은행이자 3% 적용 시

지식산업센터의 수익률 역시 다른 수익형 부동산과 같은 방법으로 계
산하면 된다. 투자금액은 매매가(혹은 분양가), 취·등록세에서 세입자 보증

금과 대출금액을 뺀 금액이다. 인테리어 혹은 기타 설비가 추가로 들어간다면 투자금액이 조금 더 올라간다. 평당 단가는 지역에 따라 다르지만 평(3.3㎡)당 단가를 1,000만 원이라고 가정했을 때 50평에 대한 실제 투자금은 1억 원 정도 예상된다. 이때 개인 투자도 가능하지만 대출을 위해서는 사업자가 있는 편이 좀 더 유리하다. 개인사업자와 법인사업자 모두 투자가 가능한데 개인 투자를 할 때는 개인 자산, 소액 투자 시에는 개인 투자를 추천한다. 법인 투자를 할 때는 법인 자산, 고액 투자에는 법인 투자를 추천한다. '개인사업자와 법인사업자 수익률 비교'에 대입해서 계산해보면 1억 원 정도를 투자하면 월 임대료는 200만 원, 연수익률은 5.45% 정도를 기대할 수 있다.

지식산업센터에 투자하기 위해서는 수익률 표를 만들어 실제 수익을 따져보는 것도 많은 도움이 된다. 필자는 수익률표를 만들어 투자자들에게 보여주는데, 기본 정보만으로 막연하던 수익률이 한눈에 보이기 때문에 무척 편리하다. 예를 들어, 분양가가 5억 원이라면 실제로 필요한 현금은 20%에 해당하는 1억 원이다. 나머지 80%, 즉 4억 원은 대출로 채울 수 있다. 신용이 좋거나 담보가 있는 경우에는 90%(4억 5,000만 원)까지 가능하므로, 이때는 10%인 5,000만 원만 있어도 계약이 가능해진다. 그리고 이는 보증금 2,000만 원에 월세 200만 원으로 세를 놓을 수 있다. 이때 등록세, 취득세, 법무사 비용, 부동산 중개수수료가 전체의 5%로 총 2,500만 원이 든다. 그러면 1억 원에서 보증금 2,000만 원을 뺀 8,000만 원에서 수수료를 더하면 실질적인 투자금은 1억 500만 원이 되는 셈이다.

여기에 4억 원에 대한 대출금리를 3%로 잡고 계산하면 연 1,200만 원, 즉 월 100만 원의 지출이 발생한다. 그리고 건물과 토지에 대한 재산세 및 교통분담금이 연 120만 원(월 10만 원)이 발생하므로 실질적인 이익은 월 90만 원이 된다. 이를 표로 간단히 정리하면 다음과 같다.

개인사업자			
항목		내용	비고
분양 평수		50평	
분양가(A)		5억 원	1,000만 원/평
분양 세금 및 수수료 등(B)		2,500만 원	분양가 5%
총금액(C)		5억 2,500만 원	A + B
대출금액(D)		4억 원	분양가 80%
임대 보증금(E)		2,000만 원	40만 원/평
실투자금액(F)		1억 500만 원	C − D − E
수입	월 임대료	200만 원	4만 원/평
	연 임대료(G)	2,400만 원	월 임대료 × 12개월
지출	월 대출이자	100만 원	
	연 대출이자(H)	1,200만 원	대출금리 3.0%
	재산세 및 교통분담금(I)	120만 원	1년
연 수입금액(L)		1,080만 원	G − H −I
연수익률		10.29%	L/F

수익률표 예시(평당 가격 1,000만 원으로 가정)

항목	대출 70%	대출 75%	대출 80%	대출 90%	대출 없음
전용면적	10.92평				
분양면적	21.63평				
매매가	2억 1,630만 원	2억 1,630만 원	2억 1,630만 원	2억 1,630만 원	2억 1,630만 원
취·등록세 4.6%	994만 9,800원	994만 9,800원	994만 9,800원	994만 9,800원	994만 9,800원
인테리어 및 기타	100만 원	100만 원	100만 원	100만 원	100만 원
보증금	1,000만 원	1,000만 원	1,000만 원	1,000만 원	1,000만 원
대출금액	1억 5,141만	1억 6,222만 5,000원	1억 7,304만 원	1억 9,467만 원	0
실투자금액	6,583만 9,800원	5,502만 4,800원	4,420만 9,800원	2,257만 9,800원	2억 1,724만 9,800원
월세	60만 원	60만 원	60만 원	60만 원	60만 원
월 이자(3.5% 기준)	44만 1,613원	47만 3,156원	50만 4,700원	56만 7,788원	0
월수익	15만 8,388원	12만 6,844원	9만 5,300원	3만 2,212원	60만 원
연수익	190만 650원	152만 2,125원	114만 3,600원	38만 6,550원	720만 원
수익률	2.89%	2.77%	2.59%	1.71%	3.31%
월 이자(2.5% 기준)	31만 5,438원	33만 7,969원	36만 500원	40만 5,563원	0
월수익	28만 4,563원	26만 2,031원	23만 9,500원	19만 4,438원	60만 원
연수익	341만 4,750원	314만 4,375원	287만 4,000원	233만 3,250원	720만 원
수익률	5.19%	5.71%	6.50%	10.33%	3.31%

현재 필자는 가산동에 있는 지식산업센터 사무실을 매입해 실제 사무실로 사용하고 있다. 마곡지구에 20억 원, 가산동에 신규 분양 14억 원 이상을 계약했는데 강동구가 가장 비싼 추세이다. 그리고 전반적으로 지식

산업센터의 투자 메리트를 이해한 사람들의 투자량이 확실히 늘어나는 추세다. 부동산 정책이 혼란스러운 지금이 가장 적기라고 생각하는 사람들의 움직임이 일어나고 있다는 뜻으로 볼 수 있다.

02

임대사업을 하는
방법

지식산업센터 투자는 필자에게 부동산에 눈을 뜨게 해주었고, 사업을 운용하는 데 힘들었던 부분을 많이 보완해주었다. 아직도 망설이고 있는 사람이 있다면 당당하게 투자를 추천하고 싶다. 부동산 투자는 부자들만의 영역, 임대사업 역시 큰 목돈이 있어야 하고 특별한 사람들만이 하는 일, 나와 관계없는 일이라는 편견을 깨라고 말해주고 싶다. 이제는 세상이 변했고 필자가 그랬던 것처럼 부동산을 통해 남녀노소 누구든 투자해서 안정적인 자금을 마련할 수 있다.

📍 임대사업을 위한 입주계약

지식산업센터를 매매한 후 임대를 하는 방법에 대해 알아보자. 언제나 기본이 가장 중요하다. 기본적인 정보를 잘 알고 있으면 실수를 줄일 수 있다는 점을 꼭 기억하자.

임대사업을 하기 전에 먼저 해야 할 일이 있다. 산업단지 내의 지식산업센터나 일반공장을 분양, 매매, 경매로 낙찰받았을 때에는 한국산업단지공단과 입주계약을 진행해야 한다. 소유주는 해당 산업단지관리공단과 입주계약을 체결하고 공장등록을 완료해야 한다. 그리고 일정 기간이 지난 후 임대사업 관련 입주계약신고 절차를 마치면 임대사업이 가능하다. 입주계약 절차는 다음과 같다.

산업단지 입주 계약 절차

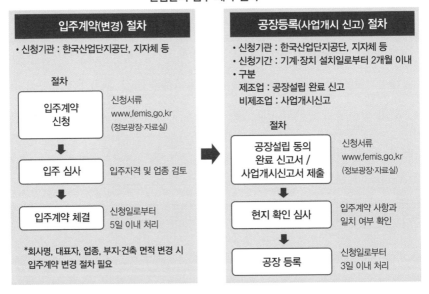

이때 구비해야 할 준비물이 있는데 다음 목록을 확인하여 빠뜨리지 않도록 하자.

입주계약 시 준비해야 할 서류

- 입주계약신청서 1부
- 입주계약서 2부
- 사업계획서 1부
- 경매낙찰서 또는 건물의 등기사항증명서 1부
- 사업자등록증 사본 1부
- 회사(대표자) 도장

그럼 절차에 따른 세부 사항들을 살펴보자.

입주계약신청서 쓰기

일반적으로 다음 양식에 맞게 회사명, 제품명, 업종, 공장 면적 등을 채워 넣으면 된다. 산업단지입주 계약서를 참조하여 정확하게 기재하도록 한다.

산업단지 입주 계약서

■ 산업집적활성화 및 공장설립에 관한 법률 시행규칙 [별지 제25호서식] 〈개정 2012.10.5〉 　　공장설립온라인지원시스템(www.femis.go.kr)에서도
　　신청할 수 있습니다.

산업단지입주 [ ]계약 / [ ]계약변경　신청(확인)서

※ 바탕색이 어두운 난은 신청인이 적지 않으며, [ ]에는 해당되는 곳에 √표를 합니다.　(앞쪽)

접수번호	접수일	처리기간	5일『산업집적활성화 및 공장설립에 관한 법률 시행규칙』제34조제2항에 따라 관계기관과 협의하는 경우에는 10일)

신청인	회사명		
		(전화번호: 　　　　　　　)	
	대표자 성명	생년월일(법인등록번호)	
	대표자 주소(법인 소재지)		

입주 계약 신청 내용	공장(사업장) 소재지			
	입주형태	[ ] 분양　　[ ] 임차　　[ ] 양도·양수　　[ ] 기타		
	회사명	대표자 성명		
	업 종	분류번호	첨단업종(적용범위)	생산품(서비스)
	규 모	부지 면적(㎡) / 건축 면적(㎡) / 제조시설 면적(㎡) / 부대시설 면적(㎡)		

기존 공장	회사명		대표자
	소재지		
	업 종		분류번호
	규 모	부지 면적(㎡) / 제조시설 면적(㎡) / 부대시설 면적(㎡)	

계약 변경사항, 사유	

「산업집적활성화 및 공장설립에 관한 법률」 제38조제1항부터 제3항까지, 제38조의2제1항 및 같은 법 시행규칙 제34조·제35조에 따라 위와 같이 산업단지 입주계약(변경계약)을 신청합니다.

년　　월　　일

신청인

(서명 또는 인)

관리기관　귀하

「산업집적활성화 및 공장설립에 관한 법률」 제38조제1항부터 제3항까지, 제38조의2제1항 및 같은 법 시행규칙 제34조·제35조에 따라 위와 같이 산업단지 입주계약(변경계약)을 확인합니다.

년　　월　　일

관리기관　　　　　직인

210mm×297mm[백상지 80g/㎡]

사업계획서 작성하기

사업계획서는 말 그대로 어떤 사업을 할 것인지에 대한 구체적인 계획을 작성하는 문서이다. 여기에는 기본적인 회사 정보와 업종 특성에 맞는

사업계획서 예시

1. 사업개요

업체현황	회사	명칭 ○○○○○○	
		주소 법인 소재지 주소	
		전화번호 02-0000-0000	팩스번호 02-0000-0000
		홈페이지 주소 www.abc.com	법인등록번호 000000-0000000
	대표자	성명 ○○○	이메일 주소 abc@naver.com
		전화번호 010-0000-0000	생년월일 000000

| 사업현황 | 업종(5단위) 통계청 표준산업분류번호 5자리 ex) 응용소프트웨어 개발 및 공급업(58222) |
| | 주요제품 및 서비스 ex) 보안 소프트웨어 개발 |

사업장현황	주 소	입주계약을 하고자 하는 소재지의 주소	
	형 태	분양( ) 경매( ) 양수( ) 임차( ) / 신규 건립( ) 기존 건물( )	
	용도지역	준공업지역	
	지 목	공장용지	
	건설계획	사업자등록번호 000-00-00000	
		착공 예정일	
		준공 예정일 또는 준공일	
		사업 시작일 0000.00.00	
	규 모	종업원 수	국내	남	00	
				여	00	
			국외	남	00	
				여	00	
		용지 면적	등기부등본 상 대지권 비율 ㎡			
		건축 면적	제조시설: 건축물대장 상 전유부분 ㎡ / 부대시설: 건축물대장 상 공용부분 ㎡			
		건축 면적/용지 면적				
		기준건축 면적률	%			

| 사업내용 | 사업목적 (사업내용, 계획 등) | 사업 목적 및 내용을 최대한 자세히 작성 (주력 사업의 산업단지 입주 필요성, 주요 타겟층, 마케팅 방향 등) |
| | 기대효과 | 산업단지에 입주하여 사업을 함으로써 기대하는 효과를 자세하게 작성 (입주기업체와의 상관관계 및 미치는 영향 등) |

기재요령

1. 업종은 「통계법」 제22조제1항에 따른 한국표준산업분류상 세세분류(5단위)까지 적습니다.
2. 건축면적은 입주계약체결일부터 4년 이내의 건설계획을 포함하여 적습니다.
3. 사업현황은 최근년도 결산재무재표 또는 추정재무재표에 근거하여 작성
4. 사업내용은 주력 사업의 산업단지 입주 필요성, 입주기업체와 상관관계 및 미치는 영향 등 기재

사업 계획을 기입한다. 제품을 생산한다면 공정과 생산 제품에 대한 설명을 넣으면 된다. 사업 개요 부분에는 업체 현황, 생산 제품 현황, 공장 현황, 투자 금액, 자가 또는 임차 여부, 신규 건립 또는 기존 건물 입주 등에 관한 내용을 작성한다. 생산공정도는 실제 제품 생산 과정을 작성한다. 산업공단 측에서 설명이 미흡하다고 판단하면 보완 요청이 올 수도 있다. 담당자의 요청에 따라 어떤 제품을 생산하는지 구체적으로 사진이나 제품 설명도를 만들거나 관련 서류를 첨부해서 보내주면 훨씬 수월하게 통과된다.

실사 방문

입주 계약 후 두 달 안에 실사 점검을 받아야 한다. 시설 및 사업장 준비가 완료되면 공단 담당자에게 연락해 일정을 협의할 수 있다. 담당자는 실사를 통해 제출한 사업계획서에 해당하는 내용이 실제로 있는지 점검하게 된다. 확인 후 이상이 없으면 통과되며, 미흡한 부분이 보이면 다시 실사를 받아야 한다. 이 과정까지 모두 통과했다면 공장등록이 가능하다. 이제 임대사업을 위한 단계로 넘어가보자.

⊙ 입주변경계약 및 임대

산업단지에서 임대사업을 하려면 반드시 업종을 변경해야 한다. 법률에 따르면 사업개시신고 후 산업단지공단에 신고한 사업에 대하여 산업단지공단에서 요구하는 매출 증빙 자료 등을 제출하여 사업 영위 여부를 증명해야 가능한다. 임대업 전환을 위해서는 최소 1년 이상 입주 계약이 체결된 사업장에서 산업단지공단에 신고된 사업을 영위해야 한다. 이런 방식으로 임대사업을 허가한 것은 사업자가 초기에 계획된 업종에서 여러 사정으로(경영 악화, 공간 부족, 본사 이전 등) 인해 사업을 운영할 수 없을 때 업종 변경 후 임대사업이 가능하도록 하기 위해서다. 하지만 입주한 지 1년도 채 안 되어 업종 변경을 할 경우 매우 까다롭게 대응할 수 있기 때문에 법적으로 문제가 되지 않도록 사전에 잘 알아보아야 한다. 임대업으로 변경하기 위해서는 다음의 서류를 준비해야 한다.

임대업으로 변경할 때 준비해야 할 서류

- 매출증빙서류 : 해당 사업장에서 타 사업자에게 발행한 세금계산서
- 직원들 월급 명세서
- 관리비 납입 영수증

📍 입주변경계약 체결

서류 제출 후 산업단지공단에서 승인이 나오면 며칠 후 변경 계약이 체결된다. 사실 입주 변경 계약이 체결되기까지는 과정도 복잡하고 시간도 걸리기 때문에 비용이나 시간적으로 손해가 크다. 따라서 임대사업을 조금 더 쉽게 할 수 있는 방법으로 공간 중 일부를 임대하는 경우가 있다.

1개 층 대형 평수 전체를 매매한 경우 전체 면적이 전부 필요하지 않을 수 있다. 한두 호실이 남거나, 일부 공간이 비효율적으로 운영될 수 있다. 그러면 그 자체가 낭비이기 때문에 이런 경우 임대가 가능하다. 물론 사전에 산업단지공단의 허가를 받아야 한다.

입주변경계약을 하는 경우 세입자가 있는 호실의 매매도 가능하다. 현재 세입자의 계약기간이 남아 있다고 해도 입주변경계약을 하면 법적 소유권은 나에게 넘어오기 때문이다. 하지만 공장등록이나 실사를 받을 수 없는 상황이므로 이 경우에는 입주계약, 공장등록, 실사 등이 현 세입자가 있는 동안에는 유예된다. 「산업집적활성화 및 공장설립에 관한 법률」보다 특별법인 「상가건물임대차보호법」이 우선시되기 때문이다. 현재 임차인이 있는 경우 임차인은 최장 10년까지 임대 기간을 보장받을 수 있다.

이 외에는 임대사업이 불가하다. 만약 불법으로 허가 없이 임대를 줄 경우 「산업집적활성화 및 공장설립에 관한 법률」 제52조에 의거 '입주계약을 체결하지 않고 제조업 또는 그 외의 사업을 한 자는 2년 이하의 징역 또는 1,500만 원 이하 벌금에 처한다'가 적용되므로 주의해야 한다.

임대 맞추기 노하우

집을 구하기 위해 하루 종일 발품을 팔아야 했던 예전과는 달리 이제는 온라인 사이트를 통해 쉽게 매물들을 확인할 수 있게 되었다. 터치 몇 번이면 내가 원하는 조건의 매물들을 확인할 수 있고, 사진도 여러 장 보여주기 때문에 취향을 저격하는 곳을 선택하기에 매우 용이하다. 부동산업을 하는 사람 중에도 유독 임대를 잘 놓는 경우가 있는데, 특히 요즘에는 비주얼적인 부분을 중요하게 여기지만 직접 가볼 시간이 없는 경우가 많기 때문에 1차적으로 시선을 끌기 위해서는 호감을 줄 수 있는 사진이 무척 중요하다. 물론 과장이나 허위 매물을 올려서는 안 되므로 최대한 실사를 담되 가능한 한 조금이라도 더 나아 보이도록 노력하는 것이다.

지식산업센터 투자에서 임대를 잘 놓는 것은 매우 중요하다. 임대는 직접 사진을 찍어 여러 사이트에 올리거나 앱을 이용할 수도 있고, 중개업소를 이용할 수도 있다. 이와 관련해 간단한 팁을 살펴보자.

첫째, 중개업소를 이용하는 것은 가장 손쉬운 방법이다. 단, 부동산중개업자들도 전문 분야가 따로 있다. 아파트, 주택, 토지, 상가, 공장, 빌딩, 오피스텔 등 모두 다른데 하나 혹은 둘 정도가 전문 분야이기 때문에 가급적이면 지식산업센터를 잘 알고 있는 사람에게 맡기도록 하자. 잘 모르는 사람에게 맡겨서 입주 업종에 세한이 있는 것을 모르고 덜컥 중개 하는 곳을 본 적도 있다. 어떻게 그런 일이 있느냐고 물을 수도 있지만, 실제로 자주 발생하는 일이다. 업종 체크는 임대인이 스스로 하는 것이 좋지만 업종 체크 자체를 모를 수도 있고, 대부분 이런 수고를 덜기 위해 전문가나 전문 중개업소를 찾는 것이므로 한 군데가 아니라 여러 곳을 알아보고 전문적인 곳을 선택해서 의뢰하도록 하자.

둘째, 사진 제공은 필수다. 마곡의 경우 중개업소에 직접 사무실 사진을 찍어서 올리고 영업하기도 하는데, 임대업자가 사진을 알아서 중개업소에 주면 수고로움을 덜 수 있다. 사진도 자신이 원하는 대로 찍을 수 있으니 더 나을 수도 있다. 요즘엔 휴대전화로도 얼마든지 멋진 사진을 찍을 수 있고 보정도 가능하다. 매물을 찾아볼 때 사진이 있고 없고의 차이가 무척 크기 때문에 빨리 임대를 내놓고 싶다면 사진을 잘 활용하도록 하자. 사진을 찍을 때는 사무실의 장점을 잘 부각시키면 아무래도 도움이 될 것이다.

셋째, 시설에 대한 부분이다. 사실 직접 지식산업센터에 입주할 경우 시스템에어컨이 있는지 확인해보라고 말했다. 임대해줄 때도 매물을 찾는 사람들이 에어컨이 설치되어 있는지 확인하고 있다. 따라서 시스템에어컨을 설치하면 선택에 좀 더 유리하게 작용한다. 또 지식산업센터의 개별 호실 출입구는 철문으로 되어 있어서 도어를 새로 설치하거나 안쪽에 유리 도어를 덧대는 경우가 많다. 무겁기도 하고 보기에도 안 좋기 때문이다. 그 외 약간의 인테리어나 시설이 추가되어도 임대에 훨씬 유리하다.

비용이 좀 소요되는 것은 임차인에게는 불리하게 느껴질 수 있다. 하지만 최근에는 조금 더 비싸더라도 시설이 되어 있는 곳을 선호하는 사람들이 늘어나는 추세이기 때문에 장기적으로 봤을 때 손해는 나지 않는다. 룸도 마찬가지다. 필자 역시 룸이 잘 되어 있는 곳을 선호하는 편인데, CEO실, 회의실, 탕비실, 휴게실 등 효율적으로 룸이 만들어져 있고 룸의 개수 또한 2~3개 이상이라면 빨리 임대를 놓을 수 있다. 애당초 '룸이 있는 곳을 보여달라'고 주문하는 경우도 매우 많다.

04

지식산업센터의 운영 노하우를 찾아볼 수 있는 곳

10년 전 정원이 있는 곳에서 직원들과 함께 일하고 싶다는 꿈을 꾼 적이 있다. 자연친화적 성향 때문이기도 하지만, 이제 한국도 유럽처럼 집과 회사를 같은 공간으로 사용하는 것이 추세가 되고 있다. 필자 역시 일 때문에도 그렇지만 회사에서 보내는 시간이 매우 많다. 그래서 정원이 있는 곳에서 휴일에도 자유롭게 업무 및 생활을 보낼 수 있는 곳이 회사라는 공간이 되기를 바란 적이 있다. 꿈이 간절해지면 현실이 된다고 하지 않던가. 우연한 기회를 잡아 그 꿈을 이루게 되었다.

코로나19로 인해 요즘 건물들이 분양대행사를 거치지 못하고 통째로 나오는 경우가 종종 생긴다. 얼마 전 가산디지털단지에 있는 지식산업센터 한 곳이 통째로 나왔다. 지인이 소개를 해줘서 가보니 2층에 50평가량 되는 테라스가 달린 사무실이었다. 꿈에만 그리던 전원 사무실이 어쩌면 내 것이 될 수도 있다고 생각하니 가슴이 설렜다. 바닥에는 보일러 시설이 되어 있고 정원이 달렸으니 원하던 그 모습이었다. 단 하나 조금 걸리는 게 있다면 역에서 5분 이상 걸리면 안 된다는 나의 원칙에 어긋난다는 것이다. 정확히 도보로 9분 30초가 걸리는데 이 정도면 용인해도 될 만큼 좋은 입지 환경이란 생각에 더 고민하지 않기로 했다.

우리는 앞에서 지식산업센터 분양에 대한 프로세스를 주요 포인트와 함께 쭉 밟아왔다. 그 프로세스를 그대로 적용한 필자의 분양 스토리를 들려주려고 한다. 필자는 부동산중개 및 컨설팅을 하고 있기 때문에 입주하려는 건물의 영업을 맡는 조건으로 5%의 영업이익을 수수료로 받기로 했다. 그래서 2층 10개의 사무실을 필자가 분양받고, 영업을 통해 남은 사무실을 분양해주기로 했다.

가장 먼저 대출 가능 여부와 한도를 알아보았다. 1금융권 다섯 군데에서 대출을 알아보니 각각 조금씩 이율과 한도에 차이가 있었다. 그중에서 기타 담보 물권들을 토대로 최대 대출이면서 이자율도 낮은 한 곳을 최종적으로 선택해서 90%에 이자율 2.1%로 대출을 받기로 결정했다. 만약 80%만 대출이 된다면 2층 5개의 사무실만 분양받을 예정이었는데, 90%가 된다고 해서 10개 사무실을 분양받기로 결정했다. 2층은 총 20억여 원, 대출이 18억 원이 나왔기 때문에 10% 해당하는 2억 원으로 입주를 했다. 또 영업을 해서 5% 이익을 남김으로써 후에 발생한 취·등록세가 무료가 된 셈이었다. 나 자신이 고객이면서 영업을 했기 때문에 오히려 이익을 볼 수 있었다.

입주의향서를 쓰고 계약을 한 후 계약금을 치르고, 잔금을 치르기 일주일 전까지 한국산업단지공단에 가서 입주 허가를 받는다. 그래야만 취·등록세 50% 감면을 받을 수 있다. 승인이 떨어져야만 취·등록을 할 수 있다. 이렇게 모든 단계를 거친 후 은행에서 잔금을 치러주었다. 이때 역시 몇 군데 법무사의 견적을 받았다. 법무사의 경우 적어도 세 군데는 비교해볼 것을 추천한다. 필자의 경우에도 250만 원에서 700만 원까지 다양하게 대행 수수료가 발생해서 가장 합리적인 곳을 선택해서 진행했다.

취·등록을 하고 나면 등기부등본이 나온다. 정원이 딸린 사옥을 갖게 된 기쁨에서, 또 비용절감 차원에서 직접 인테리어를 하기로 결심했다. 기술자들과 함께 2주 동안 밤낮없이 일해서 사무실을 완성했다. 이후 한국산업단지공단에 사업개시 신고를 했다. 사업 허가를 받은 후에는 임대사업이 가능하다. 분양받은 사무실을 팔든, 임대를 놓든 관계없다. 단, 임대를 하려면 50% 감면받은 취·등록세는 반납해야 한다.

현재 필자는 3개 사무실을 사용하고 나머지 7개는 임대를 주었다. 그리고 은행이자 부담과 사용하고 있는 사무실의 관리비 비용까지 아무런 부담 없이 이용하고 있다. 임대와 관리에 대한 노하우는 수차례의 경험을 통해 알게 된 것인데, 1:1 컨설팅을 통해 상세히 알려주고 있다. 지식산업센터의 매력과 운영 노하우를 알고 싶다면 언제든 문을 두드려주길 바란다. 사실, 가까운 부동산이 아니라 전문가들을 찾아가는 것이 매우 멀고 어려운 일이라고 생각하지만 절대 그렇지 않다. 이메일, SNS를 통해 언제든 문을 두드리길 권한다. 필자는 언제든 최선을 다해 컨설팅을 해줄 준비가 되어 있다. 정원이 보이는 테라스에 앉아 차 한 잔을 마시며, 지식산업센터의 운영 노하우에 대해 알려줄 수 있는 날이 오길 바란다.

지식산업센터 관련된 정확한 정보를 알 수 있는 유튜브 링크&사이트

애니방 링크 : https://www.anybang.co.kr/

지식산업센터 현황 링크 : https://cafe.naver.com/r113/62160

지식산업센터 혜택 링크 : https://www.youtube.com/watch?v=rAmO2_x1Ntl

투자문의 : 1600-1131

지식산업센터 Q&A 링크 :

https://m.cafe.naver.com/ca-fe/web/cafes/18729844/menus/279

전문가에게 묻다! 임대계약 시 주의할 점

Q 1. 계약은 1년이 원칙인가요? 아니면 2년이 원칙인가요?

A. 사실상 원칙이라는 것은 없습니다. 보통 2년 단위인데 1년 단위로 계약하기도 합니다. 그러나 사업장을 자주 옮기는 경우는 드물어서 1년이면 단기로 느껴지기도 합니다. 임대인 입장에서도 자주 임차인이 바뀌면 중개수수료도 내야 하고 관리도 잘 안 되기 때문에 2년마다 계약하되 연장하는 것도 좋습니다. 물론 임차인이 잘 되어서 확장해서 나간다고 하면 축복해줄 일입니다.

Q 2. 부가가치세는 받아도 되고 안 받아도 되는 건가요?

A. 임대를 주는 임차인은 개인 혹은 법인사업자이기 때문에 임대사업자 등록을 하고 세금계산서를 발부하는 게 원칙입니다. 따라서 부가가치세는 필수입니다. 임대를 처음 해보는 사람의 경우 이 부분에 할인을 요구하거나 '몰랐다'고 말하기도 하는데, 계약서에 이 부분을 명시해서 서로 오해가 발생하지 않도록 해야 합니다.

Q 3. 교통유발부담금이 뭔가요?

A. 교통유발부담금은 교통 혼잡을 완화하기 위해 원인자 부담의 원칙에 따라 혼잡을 유발하는 시설물에 부과하는 부담금을 말합니다. 그런데 이 세금을 두고 임차인과 임대인이 분쟁을 벌이는 경우가 종종 있습니다. 따라서 계약을 할 때 계약서에 교통유발부담금에 관해 '임차인(혹은 임대인)이 내기로 한다'는 약정을 해서 서로 분쟁이 생기지 않도록 해야 합니다. 이뿐 아니라 오해나 분쟁의 소지가 생길 수 있는 조항들은 처음에 까다로운 느낌이 들더라도 계약서에 다 넣어서 나중에 서로 얼굴을 붉히는 일이 없도록 하는 게 더 좋습니다.

Q 4. 보증금이나 월세는 어떻게 측정하죠?

A. 보통 주변 시세에 많은 영향을 받습니다. 부동산중개업소에 물어서 큰 차이가 없도록 세를 놓되 건물마다 차이는 있으므로 신축인지, 입지가 어떻게 되는지 따져보고 적합한 가격으로 놓도록 합니다. 시설이 잘 되어 있거나 모퉁이 등의 호실이라면 기존 시세보다 조금 더 받을 수 있습니다. 보증금 역시 시세에 준해서 받는 게 좋지만 간혹 월세를 못 내거나 부득이 나가야 할 상황인데도 안 나가고 버티는 나쁜 세입자를 만날 수도 있으므로 보증금은 너무 낮춰서 받지 않도록 합니다.

Q 5. 월세를 계속 안 내고 버티면 어떻게 해야 하나요?

A. 주택의 경우 2개월이 지나면 계약을 해지할 수 있는데 주택 외에는 3개월이 적용됩니다. 어떤 달에 내고 어떤 달에 안 내는 식으로 사정에 따라 월세를 낼 경우에도 개월 수는 마찬가지로 적용됩니다. 3개월쯤 되었을 때 계약을 해지하자고 통보하고 5~6개월째 월세가 들어오지 않는다면 소송을 진행합니다. 이때 하는 소송이 '명도소송'입니다. 명도소송을 하기

위해서는 100만 원 정도의 비용이 들어갑니다. 문제는 이렇게까지 했는데도 임차인이 나가지 않는다면 집행을 해야 하는데 이때도 비용이 들어갑니다. 보증금이 남아 있으면 상관없지만 아닌 경우라면 임대인이 모두 부담해야 하므로 손해가 이만저만이 아니게 될 수 있습니다. 물론 이런 경우가 없기를 바라야 하며, 임대를 놓을 때 잘 따져보는 게 중요합니다.

Q 6. 그전에 있던 시설물을 다음 사람이 갖고 나가도 되는 건가요?

A. 임대인이 해놓은 시설물이 아니라 그 전에 사용하던 임차인이 해놓고 간 시설이나 놓고 간 물건들이라 하더라도 다음 임차인이 가져갈 수는 없습니다. 간혹 임대를 놓고 몇 년 동안 사람이 들고 나가는 것도 부동산에 모두 맡기고 전혀 신경을 쓰지 않는 경우가 있는데, 부동산은 관리도 무척 중요합니다. 같은 지역, 같은 준공연도, 심지어 같은 건물 내에서도 얼마나 잘 관리를 하느냐에 따라 매매가, 임대가가 달라질 수 있습니다. 별 것 아닌 듯하지만 시설이나 내부를 세세하게 확인해서 함부로 사용해서 훼손하지는 않았는지, 혹시 하자보수를 할 곳은 없는지 확인해야 합니다. 특히 이사를 나가고 들어올 때는 반드시 직접 가서 눈으로 보고 시설물을 확인하는 것이 좋습니다. 이사를 하면서 바닥이나 벽에 훼손이 되었는데도 체크가 안 되면 나중에 무척 난처한 상황이 발생하기도 합니다. 원상복구는 임대인의 마음에 따라 해도 되고 안 해도 되므로 이 역시 직접 보고 확인할 필요가 있습니다.

Q 7. 월세는 얼마 만에 올릴 수 있나요?

A. 「상가임대차보호법」을 보면 5% 이내에서 1년마다 올릴 수 있다고 명시되어 있습니다. 그러나 올해 올리지 않았다고 해서 다음 해에 10%를 올리는

것은 불가능합니다. 월세 계약을 할 때 '월세를 좀 깎아달라'고 말하는 경우가 있습니다. 만일 2년 계약이라면 1년 동안 할인된 금액으로 사용하고 다음 1년 동안 원래 가격대로 가자고 했다면, 이때 계약서에는 150만 원으로 적고 먼저 1년 동안 10만 원이 할인된 금액인 140만 원으로 할인하여 임대한다고 적어두는 게 낫습니다. 그래야 재계약할 때나 다음에 다른 임차자와 계약할 때 기준 가격이 상승해 임차료를 올리기 편합니다.

PART

5

Knowledge Industrial Center

실행하는 사람이
부를 소유한다

01

지금, 지식산업센터에
투자해야 하는 이유

세상이 바뀌었다. 정부의 6·17, 7·10 대책 이후로 주택에 대한 투자가 힘들어졌다. 취득, 보유, 처분 단계에서 세금이 너무 많아져 엄두가 나지 않는다. 조정 대상 지역의 경우, 주택을 하나 가지고 있는 사람이 주택을 또 한 채 사면 8%, 두 채를 가지고 있는 사람이 3번째 주택을 사게 되면 12%의 세금이 부과된다. 그런데 투자자들은 집 한 채는 가지고 있지 않은 가. 따라서 만약 10억 원짜리 집을 사면 취득세가 1억 2,000만 원이 된다는 소리다. 이렇게 정책이 바뀌다 보니 과거 주택 투자를 선호했던 현상이 모두 사라지고 다른 방향을 찾기 위해 머리를 굴리는 상황이다. 종종 상가 투자로 눈을 돌리는 경우가 있는데 상가 투자는 굉장히 위험하다.

여기에 대한 최적의 대안이 바로 지식산업센터다. 필자를 찾아오는 고객들 중에는 이미 어느 정도 정보를 갖고 오는 경우가 있는데, 무엇보다

수익률 부분에서 큰 장점을 느끼고 있었다. 법이 바뀌면서 사람들이 풍선효과로 찾는 것이 지식산업센터인데, 보통 오피스텔의 수익률이 서울에서 4% 정도라면 지식산업센터는 8~12%까지 가능하다. 즉 3억 원짜리 오피스텔의 경우 수익률 4%는 연 1,200만 원, 월 100만 원이다. 그런데 지식산업센터는 수익률 8%로 가정해도 3억 원을 투자할 경우 연 2,400만 원, 월 200만 원이 된다. 두 배나 차이가 나는 셈이다.

대출에 대한 부분도 매력적이다. 지금 주택은 대출이 거의 안 된다고 보면 된다. 이미 한 채를 가지고 있는 사람이 또다시 대출을 받으려고 하면 대출이 안 나올 수 있다. 그리고 무주택자인 경우에도 최대 40%까지만 나온다. 그러나 지식산업센터는 70~80%의 대출이 나오므로 지렛대 활용이 된다. 3억 원짜리 매물을 사고 싶다면 80%에 해당하는 2억 4,000원의 대출이 가능한 것이다.

지식산업센터는 실제로 사업 운영에 대한 효율적 대책일 뿐 아니라 급변하는 부동산 정책으로 혼란스러운 이 시기에 마지막 남은 투자처로서 중요한 의미를 지닌다. 특히 은퇴 후 소자본으로 투자할 곳을 찾는 사람들에게 지식산업센터는 매우 적합하다. 요즘 필자의 주변에도 은퇴 준비를 위해 지식산업센터 투자를 염두에 두고 있는 사람들이 많다. 최근 몇 년간 부동산 가격이 급등하면서 아파트 및 주택 등의 정부 대출 규제 강화로 대부분의 대출이 난항을 겪고 있다. 그러나 지식산업센터는 80%까지 대출받을 수 있기 때문에 나머지 20% 투자가 가능하다. LTV(담보인정비율)는 서울의 경우 80%, 수도권의 경우 70~80%의 비율이며, 비주택 담보대출의 경우 LTV가 전 금융권에 70%로 한정되어 있다. 하지만 지식산업센터의 경우 규제 대상에서 제외되어 있다. 게다가 세제 혜택이 제공된다는 점도 무척 매력적인데 등록세뿐 아니라 취득세와 재산세까지 감면받을 수 있다.

이처럼 비교적 적은 돈으로 큰 수익을 낼 수 있다 보니 최근 3~4년 사이 지식산업센터의 가격이 상승세를 타는 추세다. 금천구, 구로구에 있는 지식산업센터가 가장 가파른 상승 추세를 보이고 있다. 1998년 12월에 분양을 시작한 금천구의 대륭테크노타운 1차는 최초 분양가가 320만 원인데 비해 2021년도에는 700~800만 원으로 상승했다. 전반적으로 2배 이상 상승한 셈이다. 2010년 4월에 최초 분양을 한 금천구의 에이스하이엔드타워 7차는 2016년도에는 480만 원, 2021년도에는 750만 원으로 올라 55% 정도 상승했다.

지식산업센터 투자에 대해 몇 가지를 더 짚어보자면 굉장히 안정적인 것도 장점 중 하나다. 안정적이라는 것은 공실이 없고 가격 하락이 없어야 한다는 뜻인데 지식산업센터는 이 두 가지를 모두 충족시킬 수 있다. 서울에는 지식산업센터가 공급될 수 있는 땅이 별로 없는 반면 수요는 계속 늘어나고 있기 때문에 임대료와 매매가는 계속 올라갈 것이다. 물론 위치가 좋지 않거나 수요에 비해 공급이 많으면 공실이 발생할 수도 있다. 그러면 미리 공실이 나지 않는 조건에 대해 공부해두었다가 참고하면 될 것이다. 무엇보다 부동산 투자를 위해서는 준비가 매우 중요하다.

지식산업센터에 투자해야 할 이유는 이 외에도 많다. 명심하자, 준비된 사람이 기회를 잡을 수 있다. 그 기회의 크기는 누구도 알 수 없다. 기회는 아직 열어보지 않은 선물상자와 같다. 무엇이 들어 있을지는 과감하게 도전해 열어본 자만이 알 수 있다. 그 상자 안에 아주 멋진 선물들이 가득하리라 믿는다.

⑨ 지식산업센터가 호평을 받는 이유

지식산업센터가 점점 더 호평을 받는 이유에는 여러 가지가 있다. 우선 업무공간이 쾌적하고, 도심에 있어 출퇴근이 용이하다. 고용주 입장에서 보면 인력을 수급하는 데 매우 용이하고 비즈니스와 유통 또한 편리하기 때문에 기업 관리에 유리하다. 어떤 지역에 지식산업센터가 들어서면 일자리 창출뿐 아니라 소득 증대 효과를 통해 지역경제를 활성화할 수 있어 지자체들도 반기는 추세다. 작은 부지에 세워진 건물 안에 다양한 업체들이 들어와 편의시설을 함께 이용하고, 비슷한 기업들이 모여 있을 경우 서로 필요한 정보를 공유할 수 있어서 선호도가 높은 편이다. 인프라가 잘 형성될 경우 비즈니스에도 유리하게 작용할 수 있어 가산, 구로 디지털단지, 성남산업단지, 동탄테크로밸리, 성남산업단지 등 최근 지식산업센터가 많이 건축되고 있다.

아파트에 입주자대표회의가 있는 것처럼 지식산업센터도 여러 소유주가 이러한 시스템을 통해 함께 건물을 운영한다. 주차장, 공용구역 등은 전문회사나 관리단을 두어 운영하기 때문에 깨끗하게 잘 관리되어 입주자들이 매우 만족하는 편이다. 현재 새롭게 지어진 지식산업센터 대부분이 역세권이어서 접근성이 매우 뛰어나다는 장점도 있다.

거래처 지인 중 벤처기업 대표는 30대 청년인데, 사업을 시작한 후 3년 동안 수익이 잘 나지 않는 상태였다. 서울 외곽 지역에 사무실을 얻으려 하니 교통편이 용이하지 못해 직원들뿐 아니라 비즈니스를 위해 사무실에 와야 하는 사람들도 불편해서 대표가 계속 돌아다녀야만 했다. 서울에 사무실을 매입하고 싶지만 엄두가 나지 않았다. 그래서 필자는 지식산업센터를 소개해주었고, 그는 바로 결정을 내리고 입주해 활발하게 사업을 펼치고 있다.

이처럼 지식산업센터는 지식기반산업의 벤처기업, 시작한 지 얼마 되지 않았거나 여러 시행착오로 어려움을 겪고 있는 중소기업에게 기회를 주기 위한 투자책이다. 적은 돈으로 사무실을 매입할 수 있다는 장점 때문이다. 중소기업이 살아야 국가의 경제가 산다는 말처럼 일자리 창출의 80%는 중소기업이 담당하고 있기 때문에 해외에서도 중소기업의 성장을 위해 많은 투자를 하고 있다. 독일을 비롯해 많은 국가가 중소기업과 함께 성장하고 있는데, 이스라엘의 경우 작은 규모로 시작한 기업이 현재는 세계를 움직이는 글로벌 기업으로 발전한 것을 볼 수 있다. 스타벅스, 맥도날드, 월마트 등이 대표적인 예인데, 매장으로 활용할 부동산을 매입함으로써 임대료를 절감하는 동시에 기업의 가치도 성장시킨 좋은 예라고 할 수 있다.

필자 역시 오랫동안 사업을 해왔지만 임대 사무실을 사용해왔기 때문에 사업이 잘 되지 않을 때는 어려움을 겪어야 했다. '열심히 회사를 키워 상장하는 수밖에 없겠구나' 하는 생각으로 수익이 나면 새 직원을 뽑고 마케팅에 투자했다. 영업 이익은 모두 회사의 몸집을 키우는 데 사용하고 수익을 창출할 다른 포트폴리오가 마련돼 있지도 않다 보니 억대의 매출이 나도 남는 것이 없는 것만 같았다.

그러다 보니 거주 중인 집도, 업무를 수행하던 사무실도 모두 임대였다. 나뿐만 아니라 주변의 다른 중소기업 대표들도 상황은 비슷했다. 회사를 키우는 데 투자하다 보니 다른 자산을 키우는 데에는 관심을 두지 못한다. 여유가 없다고 하는 편이 맞을 것이다. 하지만 10년 넘게 사업을 해오며 깨달은 것은 사업을 하는 사람들에게 위험을 분산시킬 포트폴리오가 반드시 필요하다는 사실이다. 사업이 잘 될 때는 걱정하지 않아도 되지만 그것은 누구도 보장할 수 없다. 특히 요즘처럼 코로나19 팬데믹으로 많은 사람이 어려움을 겪을 때 사업을 접지 않고 유지하기 위해서는 장치가 필요하다. 필자의 경우 특허를 내고 5년이 지난 후 연장할 때마다 상표나 특허 비용이 증가해 어려움을 겪곤 했지만, 이를 보완해줄 안전장치가 전혀 없었다.

그런데 부동산 수익의 경우 입지가 좋은 곳에 투자하면 가만히 있어도 수익이 오르기 때문에 이를 잘 활용하면 사업을 유연하게 운영해나갈 수 있다. 실제로 필자는 20년 동안의 사업 수익보다 7년 동안 부동산 투자에서 올린 수익이 더 많다. 보통 대표들은 대출에 많이 의존하지만 실제로 힘들 때 우산이 되어주겠다는 은행의 약속은 제대로 지켜지지 않을 때가 많다. 회사에 햇볕이 쨍쨍할 때, 즉 재무제표가 좋을 때는 먼저 나서서 우산을 내어주었다가 정작 회사가 어려워지고 비가 주룩주룩 쏟아질 때 우산을 가장 먼저 빼가는 곳이 은행이다.

그러나 처음 사업을 시작하는 사람들은 섬세한 정보들을 제대로 얻기 어렵기 때문에 나름의 노력으로 최선을 다해 사업을 해나간다. 비싼 사무실 임대료를 내지 못해 고전하는 대표들은 급여까지 밀려 나중에는 집을 담보로 잡히고, 자신이 가진 모든 걸 다 팔아서 회사를 유지하려고 애쓴다. 가족의 보증까지 가져오지만 오래 버티기는 힘든 게 현실이다. 지식산업센터는 이렇게 사업을 운영하는 대표들에게 매우 유용한 정보가 될 수 있다. 사업을 안정적으로 운영하기 위한 장치가 될 뿐 아니라 지식산업센터를 비롯해 부동산에 대한 정보를 잘 활용한다면 여러 면에서 매우 유리하게 활용할 수 있다. 필자는 부동산에 투자하여 자산을 효율적으로 운영하는 방법을 알게 되자 사업을 운영하는 일에도 훨씬 안정감이 생겼다. 더불어 지식산업센터를 알게 되고 이것이 스타트업과 현재 비싼 임대료를 힘겹게 감당하고 있는 많은 회사의 대표가 얼마나 유용한 정보인지를 알게 되고 적극적으로 추천해주기 시작했다.

필자처럼 지식산업센터를 사무실로 사용하는 경우도 많지만 대부분의 사람이 임차인을 구해 임대 수익을 노린다. 직장인들이 많아 출퇴근 유동인구가 많은 역세권일 경우 임차인을 구하기도 쉽다. 지식산업센터는 사무실 하나당 1~2대의 주차 장소가 제공되기 때문에 나머지 직원들은 대중교통을 이용해야 하는데, 지하철이 가까우면 이런 부분에서 매우 유리하다. 상대적으로 지하철역에서 거리가 있는 경우 임차인을 구하기 어렵기 때문에 지역에 따라 공실이 있는 곳도 있다. 따라서 투자를 결정하기 전에 지식산업센터 건물에 공실 현황을 확인하는 것도 중요하다. 최근 많은 투자자가 지식산업센터에 관심을 보이다 보니 공급량도 많아지는 추세다. 일각에서는 공급 과잉에 대한 우려를 보이는데, 시세와 위치를 잘 확인해서 가격이 오를 물건을 선택하는 것도 투자의 지혜라고 할 수 있다.

그렇다면 투자처로서의 지식산업센터는 정확히 어떤 메리트가 있을까?

♀ 지식산업센터에 투자해야 하는 이유

소액으로도 살 수 있다

지식산업센터 투자의 가장 큰 메리트는 아무래도 소액 자본으로 투자가 가능하다는 점이다. 최근 몇 년 동안 부동산 가격이 급등하고 정책 또한 변동이 심해 소액으로는 투자할 곳을 찾기 쉽지 않았다. 주택 매입에 대한 규제는 오히려 집값을 급등시키는 역효과로 나타났고, 대출 규제가 심해 적은 자본으로는 투자를 엄두도 내지 못한다. 그러나 지식산업센터는 지역 경제 활성화를 위해 정부와 지자체에서 대폭 지원해주고 있다. 분양가나 일반 매매가의 80%까지 대출이 나오는데, 간혹 경매로 나오는 물건을 낙찰받을 경우 시세보다 낮은 금액으로 매입할 수 있기 때문에 90%까지 대출을 받을 수도 있다. 단, 최근에는 대출이 아주 많거나 지식산업센터를 임대 목적으로만 투자하면 RTI(Rent of Interest, 부동산임대업 이자상

환비율, '연간 총 임대수익의 70%/연간 총 이자비용'으로 계산한다. RTI비율은 거주용 1.25배, 비거주용 1.5배가 적용된다.) 등의 규제로 인해 대출금액이 적어지기도 한다. 어쨌든 현재 다른 부동산과는 비교할 수 없을 만큼 대출이 쉽고, 대출률도 높다 보니 소자본으로 투자를 시도해볼 수 있다는 점에서 큰 장점을 지닌다.

세금과 대출 혜택을 받을 수 있다

지식산업센터를 분양받을 경우 취득세 50%, 재산세 37.5%에 해당하는 세금을 감면받게 된다. 그런데 이러한 혜택을 받으려면 조건이 있다. 바로 지식산업센터에 입주할 실사용자여야 한다는 것이다. 실사용자란 건물에 입주한 후 5년간 직접 사무실을 사용해야 하며, 직접 분양을 받거나 분양권을 구입한 경우에 해당한다. 이 혜택은 현재 2022년까지 보장받을 수 있으며, 이후 계속 연장이 될 것으로 보인다. 또 이러한 혜택은 분양권 상태에서 구입했을 때 적용되는 것으로, 보존등기를 마친 상태라면 감면 혜택은 불가하다. 실사용자가 아니더라도 이 정보가 중요한 것은 가격 상승에 대한 부분 때문이다. 공실 없이 실사용자가 많은 건물일수록 가격은 상승하기 때문에 투자자도 잘 살펴봐야 할 부분이다.

가격 하락 가능성은 적고, 상승 가능성은 크다

지식산업센터는 건축물의 분류상 어디로 들어가 있을까? 바로 '공장'이다. 「국토계획 및 이용에 관한 법률 시행령」 제71조에 의하여, 일반주거지역, 준주거지역, 일반상업지역, 근린상업지역, 전용공업지역, 일반공업지역, 자연녹지지역, 계획관리지역에서만 지식산업센터의 건축이 가능하다. 따라서 서울의 경우 준공업지 이외의 지역에서는 지식산업센터를 거의 짓지 않는 상황이다. 서울시 면적의 3.3% 정도만 준공업지에 해당한다. 시행사들은 이곳에 토지를 매입해 지식산업센터를 올리고 싶어 하지만, 토지가 부족한 상황이다.

지식산업센터의 공급이 제한적이다 보니 '수요와 공급의 원칙'에 따라 가격이 계속 상승하고 있다. 서울에 있는 지식산업센터의 분양가는 구로가산디지털 단지를 기준으로 봤을 때 2006년 평당 400만 원대에서 시작해 현재는 1,500만~1,800만 원대를 웃돌고 있다. 지식산업센터가 들어선 토지 가격, 자재비, 인건비 자체가 오르고 있기 때문에 앞으로도 계속 상승할 것으로 보인다.

수익이 안정적이다

부동산에 투자를 할 때 가장 먼저 보는 게 뭘까? 바로 '월세가 꼬박꼬박 잘 나오는가?'이다. 특히 소자본으로 은퇴 후를 준비하거나, 투자를 시작하는 단계에서는 매월 나오는 월세를 바라보는 경우가 많다. 그래서 상가나 오피스텔 같은 수익형 부동산에 투자하려고 한다. 그러려면 공실 발생 위험도가 낮고 임대료가 잘 들어오는 곳이 최적일 것이다. 지식산업센터는 이러한 점에서 매우 유리하다. 현재 지식산업센터에 입주해 있는 양상을 살펴보면, 개인보다는 법인기업체들이 장기로 입주하는 경우가 많다. 그러면 공실이 발생하는 일도 적을뿐더러 임대료가 밀리는 리스크도 줄어든다. 회사는 한 번 자리를 잡으면 그곳을 중심으로 비즈니스 네트워크가 형성되기 때문에 이전이 쉽지 않다.

한 기업의 대표는 자신의 사무실이 없어 여러 사정으로 자주 사무실을 옮길 수밖에 없었다. 그때마다 홈페이지와 명함에 나온 주소나 전화번호를 바꾸는 것은 물론 사업자등록증이나 등기부등본 등을 모두 수정 신청해야 하기 때문에 소모되는 비용이나 시간, 에너지가 엄청나다며 힘듦을 호소했다. 이렇게 자잘한 부분들에 손이 많이 가기 때문에 기업주들은 웬만하면 이전하지 않고, 지식산업센터에 있는 입주자들은 오랫동안 그곳에서 사업을 해나가는 경우가 많다. 오히려 그 자리에서 사무실의 메리트를 발견하고 매입하거나 옆 호실을 얻어 확장하는 경우도 종종 있다. 그러다 보니 월세를 내지 않아 입주자와 연락이 두절되는 등의 일은 거의 생기지 않고, 안정적으로 수익을 가져갈 수 있다는 점에서 매력적이다.

관리가 잘 되고 관리비가 저렴하다

지식산업센터의 큰 장점 중 하나가 바로 관리에 대한 부분이다. 지식산업센터는 공용 공간에 대한 관리가 잘 되는 것은 물론 관리비도 저렴하다. 강남 수도권은 평당 2~5만 원 정도이고, 사무실 월세가 싼 지역에 속하는 일산 중심부만 해도 관리비가 평당 1만 원을 웃돈다. 그러나 수도권에 있는 지식산업센터의 관리비는 평당 5,000~7,000원 정도로 매우 저렴하다. 특히 연면적 1만 평이 넘어가는 지식산업센터의 경우 같은 관리비를 내더라도 관리가 잘 된다는 점에서 큰 장점을 지닌다. 단, 호실별 별도 관리비 (수도, 전기)가 있다는 걸 기억하자.

장기수선충당금에 대해 들어본 적이 있을 것이다. 아파트의 주요 시설을 수리, 교체하거나 건물의 다양한 부분에서 안전을 위해 수선하는 비용을 말하는데, 300세대 이상의 아파트에는 무조건 부과되며 관리비에 이 금액이 포함되어 나온다. 나중에 이사(혹은 이전)할 때 돌려주는 형식이다.

공동주택이라 하더라도 빌라는 장기수선충당금을 의무화하지 않는 경우가 많아 관리가 제대로 되지 않는 경우가 많다. 건물에 문제가 생겨도 적립해둔 자금이 없으니 제때 수선을 하지 못하는 것이다. 지식산업센터는 아파트와 동일하게 장기수선충당금 의무화가 적용된다. 동파, 누수, 이외의 모든 수리, 수선에 대해서는 장기수선충당금 내에서 지출하게 된다. 이렇게 관리가 효율적으로 이루어지는 것은 물론, 관리비도 저렴한데 월별로 나온 비용을 면적당으로 배분하여 부과한다는 점도 입주자들에게는 장점이 될 수 있다. 가끔 평당 관리비가 1만 원 이상 나오는 지식산업센터도 있는데, 다른 곳들이 대부분 각 호실마다 소유주가 다른 데 반해 건물 전체를 한 명이 소유해 모든 호실을 임대한 경우이다.

또 지식산업센터는 오피스텔에 비해 불필요한 시설을 애당초 만들지 않기 때문에 공간 효용성이 뛰어나다. 기타 시설이 없다는 것은 그만큼 건물에 문제가 일어날 가능성도 적다는 뜻이다. 또한 문제가 된다 해도 관리회사에서 처리해주기 때문에 소유자가 신경 쓸 부분이 적다. 관리회사 혹은 관리자가 따로 없거나 돈을 적립해두지 않아 목돈이 들어간다는 이유로 페인트칠이 벗겨지거나 동파, 누수를 방치해 건물이 제대로 관리되지 않는다면 그만큼 매매가는 낮아질 수밖에 없다.

모든 부동산이 마찬가지겠지만 관리가 잘 된 물건은 같은 연도, 같은 비용을 들여 지었다 하더라도 높은 값을 받을 수 있다. 특히 지식산업센터는 그런 점에서 매우 유리하다.

입주민 지원시설이 잘 되어 있다

코로나19 팬데믹으로 카페나 상점을 찾는 사람들이 줄어들긴 했지만, 직장인들에게 점심시간의 커피 한 잔은 최고의 휴식 시간이다. 점심을 사먹는 돈보다도 커피값으로 더 많은 지출이 일어난다고 말할 정도이다. 혼자 밥을 먹거나 야근자들을 위한 혼밥 식당도 많이 늘어나는 추세고, 편의점에도 다양한 식품과 상품들이 구비되어 있다. 지식산업센터의 큰 장점중 하나는 이러한 생활편의시설이 잘 되어 있다는 점이다. 카페, 편의점, 식당, 병원 등이 들어서 있어 입주민들이 언제든 이 시설들을 이용할 수 있다. 지식산업센터 내에 피트니스나 스크린골프장, 테라스 정원 등의 커뮤니티 시설이 마련된 곳도 있는데, 저렴한 가격으로 입주민들은 편리하게 이용할 수 있다.

또 한 층 전체를 공용 회의실로 만들어 무료나 저렴한 비용으로 이용할 수 있다는 곳도 있다. 주차장도 기계식이 아니라 직접 주차할 수 있도록 충분한 공간을 마련한 곳이 많다. 지식산업센터의 규모가 큰 경우에는 구내식당을 운영하는 곳도 있다. 최근 분양된 지식산업센터 중에는 지하에 창고를 두어 분양했는데 꽤 인기가 좋았다. 이처럼 점점 다양하면서도 입주자들에게 용이한 편의시설들을 포함해 지식산업센터가 지어지고 있어 이 점 또한 투자자들에게는 매우 유리한 점으로 작용한다.

02

불가능한 일을
가능하게 하는 힘

부자가 되는 일을 남의 일처럼 생각하는 사람들을 볼 때가 있다. 수십, 수백억 원을 벌기는커녕 당장 먹고살 것도 없는데 부자가 무슨 말이냐고 서글프게 이야기한다. 꿈을 꾸어본 적도 없으면서, 그 꿈을 향해 첫발을 내디뎌본 적도 없으면서 꿈이란 깨어지기 위해 있는 거라고 말하는 것 같아 그 모습이 더 서글프다.

실패의 경험이 있는 사람은 쉽게 성공을 이야기하지 못하지만, 실패를 극복해본 경험이 있는 사람은 성공이 결코 먼 곳에 있지 않다고 이야기한다. 필자 역시 마찬가지다. 그것이 거창한 성공이든 소박한 성공이든 우리에겐 성공이 가능하다. 지금 이 순간 불행하고 부족하고 일이 잘 풀리지 않는다 할지라도 우리 곁엔 항상 기회가 준비되어 있다. 그것을 발견하고, 잡기 위해 첫발을 내딛는 사람에게 성공의 가능성이 주어진다.

그리고 불가능할 것만 같았던 그 성공을 가능하게 하는 힘, 그것은 바로 지속력에서 나온다. 필자를 찾아와 유튜브의 노하우를 알려달라고 해놓고는 10회도 올리지 않고 '안 된다'며 포기하는 사람들을 볼 때, 부동산으로 돈을 벌어보고 싶다고 의지를 보이며 찾아왔다가도 이곳저곳 살피기만 하다가 결국 아무것도 시도해보지 못하고 관두는 사람들을 볼 때 생각하곤 한다. 속단하긴 그렇지만 분명 다른 부분에서도 하나의 일을 지속해본 경험이 없을 가능성이 크다. 무엇을 하든 쉽게 포기하는 습관을 가진 사람은 그게 어떤 일이든 성공을 경험하기는 힘들다.

우리가 목표로 하는 것, 꿈꾸는 것을 이루는 것에 있어 '단번에' 되는 일은 없다. 반드시 첫발이 있고 그 발걸음이 하루하루 지속되면서 작은 성취를 이룰 것이다. 그리고 그 작은 성취가 쌓여 전문성이 되고, 나만의 것이 되고, 차별성이 되고, 나의 가치가 되어간다. 이것이 인간이 다른 그 어떤 동물들과도 차별화될 수 있는 부분이며, 그 가치를 깨닫고 누리는 사람이 성공하고 행복한 인생을 살 수 있다고 생각한다.

이 책을 준비하면서 무엇보다 바란 것은 많은 사람이 부자가 되는 꿈을 꾸는 것이다. 코로나19 팬데믹으로 힘들지 않은 사람을 찾아보기 어렵다. 백신이 나왔다고는 하지만 여전히 불안감이 자리 잡은 이때, 아예 포기하는 사람이 있는가 하면 버티는 사람이 있고, 겨우 버티는 사람이 있는가 하면 한발 앞으로 나아가는 사람이 있다. 조건과 환경이 모두 같지만 각자 가진 내공과 멘탈의 힘이 다르기 때문일 것이다. 그것은 하루아침에 길러지는 것이 아니다. 오랜 시간 크고 작은 성취를 통해 실패는 성공의 과정이라는 걸 깨달았기 때문이다. 깨닫고, 실행하고, 성취하면 그것은 온전히 내 것이 되며, 내 것이 되고 나면 쉬워지고, 쉬워지면 탁월함이 된다.

탁월함을 가진 인간에게 가장 먼저 따라오는 것은 바로 '부'다. 그러니 부자가 되는 것, 도저히 불가능이라고 여겼던 성공을 이루는 것도 어쩌면 지금 이 순간 나의 작은 선택과 실행으로부터 시작된다고 해도 과언이 아닐 것이다. 나는 무엇을 선택하고, 그것을 어떻게 지속할 것인가? 귀찮고, 힘들고, 어렵고, 해보지 않은 것이기에 자꾸 미루면서 그 시작을 뒤로 미루고 있지는 않은가? 그토록 간절하다고 말했지만, 어쩌면 단 한 번도 실행해본 적은 없지 않은가?

부자가 되는 법은 간단하다. 나 자신의 가능성을 믿고 도전하라. 그리고 그 도전이 지속되도록 하라. 필자는 이 책을 통해 많은 사람이 지금 수중에 돈이 얼마나 있는지에 관계없이 부자의 꿈을 꾸길 바란다. 궁금하다면 과감하게 문을 두드리고, 먼저 간 사람에게 길을 묻고, 손을 붙잡아라. 그리고 오늘부터 과감하게 과거의 부정적인 생각과 쉽게 포기하는 습관을 버리고 지속하겠다고 약속해라. 불가능을 가능하게 하는 힘은 바로 거기서 나온다. 그것은 결코 기적이 아니다.

03

부자가 되는 답은 무엇을 하지 않았느냐가 아니라 무엇을 해왔느냐에 있다

"나는 돈 필요 없어요. 돈 많이 벌어서 뭐하나요."

어느 책에서 이런 얘기를 읽은 적이 있다. 경제적 힘듦으로 인한 스트레스로 심리 상담을 받으러 와놓고는 "돈에 대해 어떻게 생각하느냐"는 질문에 이렇게 답을 했다고 한다. 찬찬히 심리를 파고 들어가 보니 그는 돈을 좋아하거나 돈을 가지길 원하는 생각 자체가 나쁜 것, 천한 것이라는 인식이 자리 잡혀 있었다. 어릴 적 환경에 의해서 혹은 누군가의 영향으로 그렇게 되었을 것이다. 그러나 돈은 정말 나쁜 것일까? 돈을 많이 갖고 싶어 한다는 건 천박한 생각일까? 그렇다면 돈 때문에 우울하고 스트레스가 심한 이유는 무엇일까? 가지지 않을수록 행복해야 하고, 마음이 가벼워야 하는데 그렇지 못한 이유는 무엇일까.

물론 돈을 숭배할 이유는 없다. 언제나 돈보다는 시간, 사랑, 사람이라는 가치가 더 중요하다. 돈 때문에 중요한 선택을 놓치는 일은 없어야 한다. 그러나 확실한 것은 돈은 우리의 삶을 훨씬 더 윤택하게 해주며, 생각보다 많은 것을 가능하게 한다. 많으면 많을수록 그것을 통해 누릴 수 있는 것이 많아진다. 베풀 수 있는 것도 많아진다. 불편함이 줄어들고 원하는 때에 원하는 것을 얻음으로 인해 생긴 마음의 여유는 주변을 둘러보게 만든다. 그리고 내가 가진 것을 나누어주기에도 훨씬 편하다. 돈은 생각보다 많은 것을 가능하게 한다.

필자는 한때 10억 원이 넘는 빚을 지고 노숙자 생활까지 한 적이 있다. 당시 '돈이 없는 상황'을 겪으면서 그것이 가져다주는 가장 큰 불행은 의식주가 해결되지 않는 힘겨움을 넘어 가족들을 돌볼 수 없다는 사실이었다. 가족이 아파도 병원비를 낼 수 없으며, 나 자신의 앞가림도 할 수 없는 상태에서는 아무리 마음이 간절해도 손을 내밀 수 없게 된다. 돈이 많다는 것은 나뿐 아니라 내 주변을 풍요롭게 하고, 행복하게 할 가능성이 커진다는 뜻이다. 돈에 얽매이거나 돈만 추구하는 사람이 되지 않는다면, 돈을 정복하고 돈을 통해 더 높은 가치를 추구하는 사람이 될 수도 있다. 내가 그랬듯 누구나 이것은 가능하다. 그래서 어쩌면 돈은 부정적인 것이 아니라 긍정적인 것이다. 돈은 소중한 것이며 세상을 바꿀 수 있는 것이다.

부자가 되는 길은 내가 무엇을 하지 않느냐가 아니라 무엇을 하느냐에 달려 있다. 돈을 아껴 쓰면서 부자가 되는 것도 중요하지만, 어떻게 쓰느냐도 무척 중요하다. 지금부터 우리는 어떻게 해야 부자가 될 수 있을까?

지금까지 가난하게 살아왔다면 부를 쌓기 위한 워밍업을 했다고 생각하자. 과거는 언제나 좋은 비료가 될 수 있다. 과거를 굳이 미래까지 가져가는 대신, 과거는 과거의 좋은 교사로 남겨두고 우리는 미래를 향해가는 것이다. 그래서 오늘, 지금 이 순간부터의 우리가 정말 중요하다. 부를 쌓기 위해, 다가오는 기회를 놓치지 않기 위해 작은 실천들을 해나가야 한다.

첫째, 자주 돈을 생각하라

아니, 하루 종일 돈을 생각해라. 돈을 버는 기회는 그것을 생각하고 고민하고 간절히 원하는 사람에게 주어진다. 사과가 먹고 싶다고 생각한 사람에게는 도처에 놓인 사과가 보이지만, 하루 종일 한 번도 생각하지 않은 사람은 바로 앞에 사과가 놓여 있어도 보지 못한다. 난 돈을 벌기 위해 어떤 아이디어를 떠올려야 할까? 무엇이 내게 돈을 벌어다 줄까? 나는 어떤 부자가 될까? 부와 관련된 많은 생각을 하라. 돈은 자신을 아껴주는 사람, 자신을 원하는 사람 곁에 있다.

둘째, 행동하라

앞에서도 이야기했지만 첫발을 내딛고 지속하라. 계속 머릿속에만 맴도는 그것, 그러나 이런저런 이유로 미뤄왔던 그것을 이제 실행으로 옮길 때가 되었다. 지금까지 잘 안 된 모든 것을 그 누구의 탓으로 돌린다 해도 달라지는 것은 없다. 아무도 그것을 해결해주지 않는다. 지금은 마음이 편한 듯하지만 결국 밤잠을 설칠 만큼 커다란 무게감이 엄습해올 뿐이다. 그러니 머릿속에 맴도는 그것을 이제 실행으로 옮겨라. 확신하건대 당신은

할 수 있다.

셋째, 단순해져라

무언가 한 가지를 시작하려고 하면 열두 가지 생각이 떠올라 단 한 번도 시작을 못 하는 사람들이 있다. 주변을 보면 생각보다 그런 사람이 많다. 필자에게 성공을 맛볼 수 있었던 이유, 실패를 극복할 수 있었던 이유를 '단무지 법칙'으로 이야기한다. 단순하게, 무식하게, 지속적으로, 심플하게 사는 것의 이점에 대해서는 여러 책에 이미 소개되어 있다. 그러나 복잡하게 살라는 이야기를 하는 책은 어디에도 없다. 단순해질수록 때때로 더 정확한 답이 발견될 때가 있다. 우리의 경험은 생각보다 그리 대단하지 않다. 그 경험을 토대로 하는 복잡한 생각은 불완전성을 높일 뿐이다. 가끔은 나의 직관을 믿고, 또 실패를 두려워하지 말고 도전하고 다시 일어설 것이라고 다짐하라. 그러면 한 번도 시도하지 못했던 일을 여러 번의 시도를 통해 결국 성공의 맛을 보게 될 것이다.

04

부는 기하급수적으로
늘어난다

가끔 '부동산'에 대해 부정적인 생각을 가진 사람을 볼 때마다 그 근거가 어디에서 나왔는지 궁금해지곤 한다. 물론 종종 눈살을 찌푸리게 하는 뉴스를 볼 때도 있지만 그런 사례는 어느 분야나 마찬가지다. 부동산은 나 자신이 아닌 시스템이, 사람이 돈을 불려주는 부의 법칙이 적용된다. 그만큼 제대로만 하면 가치 있고 편리하며 빠르고 안전하게 부를 축적할 수 있다는 말이다.

평생 시간 대비 일한 대가로 벌어들일 수 있는 돈에는 한계가 있다. 그래서 요즘 특히 '재테크'에 집중하는 사람들을 많이 보게 된다. 평생 벌어도 집 한 채를 장만하지 못하고, 빚만 떠안고 후대에게 그것을 물려주는 사례도 수없이 많다. 결국 이 사회에서는 그런 식으로는 부를 끌어들이지 못한다는 것을 보여준다. 안타깝게도 그것은 사실이다. 그래서 우리는 월급이나 시급으로 받는 돈 외에 노후에 일을 못하게 되었을 때 스스로를 지킬 수 있는 대안을 마련해야 한다. 그것이 재테크이며, 요즘처럼 많은 기회가 열린 시대에는 젊을수록 좋다. 그리고 재테크를 해야 하는 이유 또한 단순히 노후를 위해서가 아니라 훨씬 더 많은 가치를 이루기 위한 이유로 변화한다. 하고 싶은 일을 하고, 가족이나 사랑하는 사람들과 더 많은 시간과 부를 공유하며, 타인에게도 기여할 수 있기 때문이다.

부의 시스템을 만들면 1+1=2가 되는 법칙을 넘어서는 경험을 할 때가 온다. 우리는 흔히 "돈 있는 사람이 돈을 번다"라고 이야기하는데, 그것이 맞는 이유는 돈을 벌어본 사람은 돈을 어떻게 써야 하는지 잘 알고 있기 때문이다. 그들은 결코 돈을 허투루 쓰지 않으며 돈이 돈을 벌어들이는 구조를 짜고 끝없이 재테크를 한다. 결코 은행에 넣어두거나 땅속이나 금고에 묻어두지 않는다. 돈은 시스템을 부여해주면 스스로 기하급수적으로 늘어나는 원리를 가지고 있다. 그것을 이용하지 않고 평생 노동력만이 전부라고 생각하며 살아가다가는 빚만 떠안을 수밖에 없다.

따라서 재테크를 부정적인 시선으로 보지 말고, 올바른 정보를 통해 얻은 재테크 노하우를 돈을 불리는 구조로 삼아라. 돈에게 부여하는 시스템 말이다. 그러면 내가 투자한 돈은 또다시 돈을 불러 들이고, 그렇게 불어난 돈이 계속해서 돈을 벌어다 줄 것이다. 내가 무엇을 억지로 하지 않아도 된다. 시작이 있고, 시작했다면 믿고 지켜보고 노력해라. 그러면 그 시스템은 계속해서 굴러가고 아주 가끔 멈칫거리거나 더딜지라도 기다려주면 반드시 내게 더 큰 부를 갖고 돌아올 것이다.

그리고 무엇보다 삶을 안전하게 운영해갈 수 있다. 돈을 어떻게 굴리는가 하는 것은 삶을 어떻게 운영하는가와 같다. 효율적으로, 안정적으로, 조금 더 여유롭고 풍요롭게 삶을 운영하고 싶다면 지금부터 내 돈을 어떻게 쓸 것인가를 고민해야 한다. 큰돈이든 작은 돈이든 모든 돈에는 이 법칙이 적용된다는 사실을 잊지 마라.

그리고 아직도 그 답을 모르겠다면 이 책을 처음부터 다시 읽어보길 바란다. 그리고 찾아와라. 올바른 부동산 재테크의 비법, 특히 지금 시작하기에 가장 매력적인 마지막 투자처 지식산업센터의 운영 노하우에 대해서 친절하고도 확실하게 알려줄 것이다. 부자가 될 당신의 삶에 건투를 빈다.

작은 일을 정성스럽게 해낸다면
나와 세상을 변화시킬 수 있다

언젠가 한 기사에서 OECD 가입국 상위 10%에 드는 국가의 국민을 대상으로 한 설문 조사를 본 적이 있다. 설문 내용은 "풍족한 삶을 누리는 데 가장 크게 기여한 요인이 무엇이라고 생각하십니까?"였는데, 대부분의 대답이 "성공하는 데 전문적인 지식이나 기술은 큰 영향을 주지 않는 것 같다. 가장 중요한 것은 바로 인간관계다"라는 내용의 기사를 본 적이 있다.

나 역시 이 말에 무척 공감한다. 내 주변의 성공한 사람들을 보면 하찮다고 생각할 만한 작은 일에도 정성을 다하고, 스치는 인간관계조차도 허투루 넘기지 않는다. 성공한 사람들은 항상 여러 사람과 좋은 관계를 유지하는데, 특히 '3가지 방문'을 잘한다고 한다. '입의 방문', '손의 방문', '발의 방문'이다. '입의 방문'은 전화나 말로 칭찬과 용기, 긍정적 에너지를 주는 것이고, '손의 방문'은 편지로 진솔한 마음을 사랑하는 사람에게 전달하는 것이고, '발의 방문'은 상대가 병들거나 어려움이 있을 때 찾아가는 것을 의미한다. 바로 이 3가지 방문을 정성껏 행하는 사람만이 성공할 수 있고, 꿈을 이룰 수 있는 것이다.

부동산 투자는 누구나 자신의 머리로 상상하고, 가슴으로 느낀 것을 손으로 쓰고 발로 뛰며 포기하지 않고 노력한다면 반드시 성공할 수 있다고 확신한다. 필자 역시 여러 번의 시행착오를 겪었고, 2008년부터 성공한 분들의 자서전 및 부동산 책을 읽고 2013년부터 부동산 투자를 시작해서 지금은 매월 1,500만 원의 임대소득을 올리고 있다. 어떠한 상황에서도 굴하지 않고 앞서 이야기한 '입과 손 그리고 발'의 방문을 멈추지 않은 결과라고 생각한다.

더불어 마음 깊이 존경할 만한 멘토를 만난 것이 큰 도움이 되었다. 몸은 마음을 따라간다고 하는데 일이 힘들고 관계에 지칠 때마다 멘토의 조언이 큰 힘이 되어 주었다. 그 멘토는 다름 아닌 이 책의 공저자 단희쌤이시다. 단희쌤은 사람의 인연은 만남의 횟수와 시간보다 정성이 중요하다는 사실을 일깨워주셨다. 게다가 함께 책을 내게 되었으니 더없이 소중한 인연이라 생각한다.

"하루에 30분씩 마음속으로 성공한 자신의 모습을 생생하게 상상하고 그려라. 정성스럽게 해낸다면 나와 이 세상도 변화시킬 수 있다. 이제 말보다 행동으로 실천하리라."

《맥스웰 몰츠 성공의 법칙》 저자 맥스웰 몰츠가 말한 이 메시지는 40년에 걸쳐 전 세계 3,000만 명에게 전파되었고, 실행한 사람들 중에서 효과를 보지 않은 사람은 단 한 명도 없다고 한다. 희망을 붙들고 매 순간 정성을 다해 달려간다면 머릿속으로 상상하는 것을 현실로 이룰 것이라 믿는다. 혹시 몰츠 박사의 메시지가 아직도 미덥지 않다면, 이어지는 몰츠 박사의 이 말도 눈여겨 살펴보길 바란다.

"지금 당신이 성공한 인생을 살고 있지 못하는 까닭은 당신이 당신의 성공을 믿지 않고 도전하지 않았기 때문이다."

이 책을 출간할 수 있도록 도움을 주신 분들에게 감사의 마음을 전하고 싶다. 먼저 공저자 단희쌤의 도움이 실로 컸다. 필자의 지식산업센터 투자법을 책으로 내보자고 제안해주셨고 원고 집필 기간에도 벽에 부딪힐 때마다 아낌없는 조언을 해주셨다.

집필 도중에 머릿속 생각을 글로 옮기는 것이 무척 어렵다는 사실을 절감했다. 손이 머리와 마음의 속도를 따라가지 못해 방황할 때마다 정 작가님이 큰 도움을 주셨다. 필자의 속마음을 헤아려 글의 정리를 도와준 작가님께 감사의 마음을 전한다.

무엇보다 졸고를 건사해서 한 권의 책이 되어 세상에 나올 수 있도록 믿고 지지해주신 포레스트북스의 김선준 대표님께 감사드린다. 이 책이 대표님께서 묵묵히 기다려주신 인고의 시간에 보답이 되길 희망한다. 더불어 책의 시작부터 전 과정을 함께해주신 담당편집자 송병규 팀장에게도 감사드린다. 때로는 악착같이, 때로는 부드럽게 곁을 지키며 농부의 심정으로 도와주셨다.

고마움과 함께 미안한 마음을 전해야 할 분들도 있다. 사업하던 대표가 갑자기 책을 쓴다고 나서는 바람에 시간을 할애해서 함께 논의하고 자료를 찾고 원고를 살피면서 피드백을 해야 했던 나의 회사 식구들이다. 박지영 이사님, 조민우 부장님, 유종현 대리님 모두에게 미안함과 감사하다는 말과 함께 출간기념 회식을 예고하고자 한다.

끝으로 나를 세상에 존재하도록 해주신 어머니 이모례 여사와 가정을 위해 헌신하며 내 인생의 길벗이 되어준 아내 정혜옥에게 사랑한다는 말을 전하고 싶다. 더불어 바쁘다는 핑계, 책 쓴다는 핑계로 제대로 놀아주지 못한 아들 인재, 딸 세은, 시온, 지혜에게도 미안하고 사랑한다고 말해주고 싶다.

이 책을 읽으신 분들이 시장의 흐름에 휩쓸리지 않고 굳건히 자신의 투자 철학을 고수하면서 실제 현장을 두루 살피며 성공 투자를 이어가길 바란다. 아무것도 몰랐고 아무도 없이 시작했지만 불과 8년 만에 수십억 원의 자산가가 된 필자자를 보며 용기와 희망을 잃지 않길 바란다. 그리고

'성공했다. 하지만 결국 혼자였다'보다는 '결국 함께 행복해질 수 있었다'
는 글을 〈인생 일기〉의 한 페이지에 쓸 수 있는 사람이 되길 기원한다.

지산 투자의 꿈이 익어가는 가산동 사무실에서

김윤관

부동산 투자의 마지막 골든존

지식산업센터로 월세통장 만들기

초판 1쇄 발행 2021년 12월 13일
초판 2쇄 발행 2022년 1월 11일

지은이 단희쌤(이의상), 김윤관
펴낸이 김선준

기획·책임편집 송병규
마케팅 조아란, 신동빈, 이은정, 유채원, 유준상
경영지원 송현주, 권송이
외주 디자인 이창욱

펴낸곳 ㈜콘텐츠그룹 포레스트 **출판등록** 2021년 4월 16일 제2021-000079호
주소 서울시 영등포구 여의대로 108 파크원타워1 28층
전화 02) 332-5855 **팩스** 070) 4170-4865
홈페이지 www.forestbooks.co.kr **이메일** forest@forestbooks.co.kr
종이 (주)월드페이퍼 **인쇄·제본** 한영문화사

ISBN 979-11-91347-61-6 (13320)

㈜콘텐츠그룹 포레스트는 독자 여러분의 책에 관한 아이디어와 원고 투고를 기다리고 있습니다. 책 출간을 원하시는 분은 이메일 writer@forestbooks.co.kr로 간단한 개요와 취지, 연락처 등을 보내주세요. '독자의 꿈이 이뤄지는 숲, 포레스트'에서 작가의 꿈을 이루세요.